CUMULATIVIDADE DOS ADICIONAIS DE INSALUBRIDADE E PERICULOSIDADE

REGINA CÉLIA BUCK

Advogada. Consultora Jurídica. Professora de Direito. Conciliadora e Mediadora pela Escola Paulista da Magistratura. Especialista em Direito Processual Civil pela Escola Paulista da Magistratura. Especialista em Direito Civil e Direito Processual Civil e Mestra em Direito do Trabalho pela UNIMEP.

CUMULATIVIDADE DOS ADICIONAIS DE INSALUBRIDADE E PERICULOSIDADE

3ª edição

LTr®

LTr®
EDITORA LTDA.

Rua Jaguaribe, 571
CEP 01224-003
São Paulo, SP — Brasil
Fone (11) 2167-1101
www.ltr.com.br
Junho, 2017

Produção Gráfica e Editoração Eletrônica: RLUX
Projeto de capa: FABIO GIGLO
Impressão: GRAPHIUM EDITORA LTDA

Versão impressa — LTr 5756.0 — ISBN 978-85-361-9206-2
Versão digital — LTr 9161.1 — ISBN 978-85-361-9277-2

Dados Internacionais de Catalogação na Publicação (CIP)
(Câmara Brasileira do Livro, SP, Brasil)

Buck, Regina Célia
Cumulatividade dos adicionais de insalubridade e periculosidade / Regina Célia Buck. — 3. ed. — São Paulo : LTr, 2017.

Bibliografia.

1. Adicionais de insalubridade — Brasil 2. Adicionais de periculosidade — Brasil I. Título.

17-02729 CDU-34:331.225(81)

Índice para catálogo sistemático:

1. Brasil : Adicionais de insalubridade : Cumulatividade : Direito do trabalho 34:331.225(81)
2. Brasil : Adicionais de periculosidade : Cumulatividade : Direito do trabalho 34:331.225(81)

DEDICATÓRIA

A todos os trabalhadores que laboram expostos, simultaneamente, a agentes insalubres e perigosos.

A todos os juristas e operadores do Direito que evoluíram na interpretação e aplicação da legislação relativa à cumulatividade dos adicionais de insalubridade e periculosidade.

AGRADECIMENTOS

Aos meus pais Pedro (in memorian) *e Leonor, que sempre apoiaram e incentivaram meus estudos.*

À minha filha Letícia que é a razão da minha vida, minha alegria e inspiração.

Sumário

PREFÁCIO

De início, há que se ressaltar a nobre missão a mim confiada, — o que muito me honra —, que é a de prefaciar a 3ª edição deste livro, fruto de longos e exaustivos estudos desta jovem jurista, Dra. Regina Célia Buck.

Por oportuno, registro que a advogada Regina, ao elaborar este alentado trabalho jurídico, optou deliberadamente pelo caminho inóspito e insólito de desafiar toda uma longa e interminável doutrina e jurisprudência, mansa e remansosa, que entende pela não cumulatividade dos adicionais de insalubridade e periculosidade.

Tal tarefa coloca a novel jurista no restrito rol daqueles que, não se conformando com o *status quo* vigente, ousam contestá-lo, uma vez que fácil é se colocar ao lado da ampla corrente dominante, e poucos têm a coragem de desafiá-la, conforme a célebre frase cáustica de Cujácio, ao se referir aos hermeneutas: "verbosos em se tratando de coisas fáceis, mudos quanto às difíceis, difusos acerca de assuntos de estreitas proporções".(1)

Ao abordar as normas nacionais e internacionais sobre a saúde, a vida e o bem-estar dos trabalhadores em seu ambiente de trabalho, a autora, em diversas passagens, deixa patente que o ideal a ser buscado não é simplesmente a monetarização desses bens mediante o pagamento deste ou daquele adicional, mas sim que todos possam usufruir de um meio ambiente do trabalho sadio.

Nesse aspecto, e no mesmo sentido são as palavras da saudosa jurista Alice Monteiro de Barros: "o empregador deverá manter os locais de trabalho e suas instalações de modo que não ocasionem perigo à vida e à saúde do empregado"(2), visto que ao ingressar no emprego, aquele trabalhador tinha ótima saúde e plena capacidade de trabalho.

Entretanto, como entre este ideal ainda a ser alcançado e a dura realidade em grande número de postos de trabalho com condições insalubres e perigosas, a autora, em notável exposição, deixa claro que o art. 193, § 2º, da CLT, pode e deve ser interpretado no sentido amplo da permissividade da cumulatividade dos adicionais de insalubridade e periculosidade.

A autora aborda com maestria quais são os inúmeros embasamentos jurídicos e fáticos que respaldam, com fartura de argumentos, a razão pela qual devem ser

---

(1) MAXIMILIANO, Carlos. *Hermenêutica e aplicação do Direito*. 11. ed. Rio de Janeiro: Forense, 1990. p. 34.

(2) BARROS, Alice Monteiro de. *Curso de direito do trabalho*. 5. ed. São Paulo: LTr, 2009. p. 1065.

pagos de forma cumulativa — e não optativa — os correspondentes adicionais de insalubridade e periculosidade, pois trata-se de realidades distintas.

E indo além, também fundamenta que não há qualquer óbice legal para o pagamento concomitante de duas ou mais causas insalubres, e assim, se o trabalhador a um só tempo estiver exposto, por exemplo, a ruído excessivo e a produtos químicos, deve receber dois adicionais de insalubridade, e não apenas um deles, como ainda é pago nos dias atuais.

Na atualização procedida para esta 2ª edição, a autora, de forma perspicaz, apresenta os dissensos jurisprudenciais do C. TST por meio de decisões recentes dos Ministros Mauricio Godinho Delgado e Cláudio Brandão, além de diversos TRTs, mostrando que há uma clara ruptura no arcabouço jurídico que não permitia a cumulatividade no pagamento dos adicionais de insalubridade e periculosidade.

Para a Dra. Regina, conforme bafejam os ventos desta guinada jurisprudencial, a mesma se sentiu motivada a reforçar e atualizar a sua robusta argumentação no sentido da cumulatividade destes adicionais.

Obra que justifica a sua leitura pelos aplicadores do direito, seja qual for o posicionamento final de cada um, ainda mais porque se propõe, com fartos e sólidos argumentos jurídicos, a desconstituir o que estava sedimentado há décadas.

Campinas, 23 de março de 2015.

Luiz Roberto Nunes

Desembargador do Trabalho – TRT 15ª Região (Campinas — SP)

Mestre em Direito pela UNIVEM — Marília — SP

INTRODUÇÃO

Primeiramente deixo registrado que recebi o convite da LTr Editora para atualizar a obra original em virtude da atual mudança do entendimento do Tribunal Superior do Trabalho (TST) quanto à cumulatividade dos adicionais de insalubridade e periculosidade. Aceitei o desafio e fiquei lisonjeada e enaltecida pela solicitação e confiança depositados.

Assim, destaco que mantive o estudo anterior e introduzi nele as atualizações ocorridas. O primeiro estudo não pode ser desconsiderado, posto que é rico e de grande relevância jurídica, pois foi o criador de toda a tese defendida há mais de 15 anos por esta autora. Ademais, registro que o contemporâneo entendimento do TST quanto à cumulação dos adicionais de insalubridade e periculosidade ainda não é unânime, indicando a importância deste trabalho que tem o objetivo de fazer pensar os doutrinadores e aplicadores do direito, almejando que a tese defendida sobre a cumulatividade venha a se tornar unânime no TST.

No âmbito do Direito do Trabalho, uma das questões problemáticas encontradas por esta pesquisa é quanto à possibilidade de cumulação dos adicionais de insalubridade e periculosidade.

O adicional de insalubridade visa compensar eventuais danos causados à saúde do trabalhador. As atividades ou operações insalubres são aquelas que, por sua natureza, condições, ou métodos de execução, colocam o obreiro diretamente em contato com os efeitos de agentes nocivos à sua saúde. Como exemplo, podemos citar o trabalhador que fica exposto em ambiente com ruído excessivo, além do permitido pela legislação, entre outros agentes físicos, químicos e biológicos, nocivos à saúde do ser humano.

Já o adicional de periculosidade visa compensar os danos ocasionados à integridade física do trabalhador que fica exposto a agentes e locais perigosos como: eletricidade, produtos químicos inflamáveis e explosivos que colocam em risco sua vida e/ou integridade física.

A Constituição Federal vigente estabelece, em seu art. 7º, que são direitos dos trabalhadores urbanos e rurais, além de outros que visem à melhoria de sua condição social: — "XXII — redução dos riscos inerentes do trabalho, por meio de normas de saúde, higiene e segurança; XXIII — adicional de remuneração para as atividades penosas, insalubres ou perigosas, na forma da lei(...)".

Quanto às atividades penosas não adentrei no mérito, uma vez que ainda não há qualquer previsão legal para definir ou caracterizar tal atividade, sendo que a ausência de regulamentação do instituto prejudica a efetivação do direito.

No Senado tramita o Projeto de Lei n. 552/2009[3], que acrescenta normas especiais de tutela do trabalho na CLT, regulamentando as atividades exercidas por trabalhadores sob radiação solar a céu aberto, as quais serão consideradas penosas.

O trabalho exercido nessas condições poderá acarretar o pagamento do adicional de penosidade ao trabalhador, no valor de 30% sobre o salário, sem as incorporações resultantes de gratificações e prêmios. O referido projeto acrescenta a Seção VI-A, no capítulo I, Das Disposições Especiais sobre Duração e Condições do Trabalho, do Título III das Normas Especiais de Tutela do Trabalho.

No entanto, o direito do obreiro em receber os adicionais de insalubridade e periculosidade é garantido pelos arts. 189 e seguintes da Consolidação das Leis do Trabalho — CLT. Ocorre que o § 2º, do art. 193, estabelece que o trabalhador poderá optar pelo adicional de insalubridade que, por ventura, lhe seja devido.

Neste caso, o objetivo do presente estudo foi demonstrar que, ocorrendo o concurso dos agentes lesivos que, além de colocarem em risco a vida e a integridade física do trabalhador (periculosidade), também afetam a sua saúde (insalubridade), deverá lhe ser concedido o direito da cumulatividade dos dois adicionais, diante das circunstâncias especiais que revestem o caso deste obreiro.

O direito atribuído ao trabalhador de optar por um adicional não exclui, necessariamente, o de cumular o recebimento, vez que fundados os adicionais em pressupostos fáticos diversos.

Não permite a Constituição, em nossa hipótese, que o obreiro que trabalha em um ambiente insalubre, nocivo à sua saúde e, também, perigoso, sujeito a riscos, fique desprotegido. Cada adicional atende a uma situação específica: o de *insalubridade* visa compensar o trabalhador dos riscos que os agentes insalubres possam acarretar à sua saúde; o de *periculosidade*, dos riscos a que está sujeito por trabalhar em local no qual interagem os agentes, colocando-o em situação de perigo, expondo sua vida e integridade física. Um adicional, portanto, não pode excluir o outro.

---

(3) "Seção VI-A — Das atividades sob radiação solar a céu aberto. Art. 248-A. A duração da jornada de trabalho em atividades sob radiação solar a céu aberto é de seis horas diárias ou trinta e seis horas semanais. Parágrafo único. A cada noventa minutos de trabalho consecutivo, haverá um intervalo de dez minutos para repouso, não computado na jornada de trabalho.

Art. 248-B. O trabalho realizado sob as condições de que trata esta seção é considerado penoso e, quando sem a proteção adequada, insalubre. § 1º O trabalho em condições de penosidade assegura ao empregado um adicional de trinta por cento sobre o salário, sem as incorporações resultantes de gratificações e prêmios. § 2º O empregado poderá optar pelo adicional de insalubridade que por ventura lhe seja devido.

Art. 248-C. O direito do empregado ao adicional de penosidade ou insalubridade de que trata esta Seção cessará com a eliminação do risco à sua saúde ou integridade física, nos termos das normas expedidas pelo Ministério do Trabalho e Emprego." Disponível em: <http://www.senado.gov.br/atividade/materia /detalhes.asp?p_cod_mate=94496>. Acesso em: 28 fev. 2015.

Do mesmo modo, entendo que a cumulatividade também pode ocorrer quando dois ou mais agentes insalubres estão presentes no mesmo ambiente de trabalho. Demonstro com isso que é possível a cumulatividade de vários adicionais de insalubridade ao trabalhador cuja saúde é afetada por agentes nocivos diferentes.

Neste estudo, evidencio também a necessidade, social e econômica, de assegurar ao trabalhador o direito de acumular os adicionais de insalubridade e de periculosidade, quando estiver exposto, ao mesmo tempo, a agentes insalubres que acarretam prejuízo à sua saúde, e a agentes perigosos, que possam colocar em risco sua vida e/ou sua integridade física.

Importante destacar que outra preocupação é a que visa eliminar os riscos para a saúde do trabalhador na origem, em vez de apenas tentar neutralizá-los com a utilização de equipamentos de proteção[(4)] ou, ainda, de somente compensá-los com o pagamento de adicionais.

Meu intuito foi no sentido de garantir ao trabalhador benefícios social e econômico, procurando, desta forma, amenizar e compensar os riscos a que está exposto e os prejuízos sofridos, ou que poderão sofrer, quando trabalham em ambientes perigosos e/ou insalubres.

Vale destacar que o trabalho humano não pode ser subordinado ao capital e, pela mesma razão, a pessoa não pode se subordinar ao trabalho.

A pessoa humana é e deve ser o princípio, o sujeito e o fim de todas as instituições sociais. Todo homem tem direito ao trabalho, à possibilidade de desenvolver as próprias qualidades e a sua personalidade no exercício de sua profissão.[(5)]

O capital não pode existir sem o trabalho; nem o trabalho, sem o capital.[(6)] Todavia, o homem é tratado como instrumento, e não segundo a dignidade de seu trabalho.

Embora seja verdade que o homem está destinado e é chamado ao trabalho, contudo, antes de qualquer coisa, o trabalho é *"para o homem"* e não, o homem *"para o trabalho"*.[(7)]

Não se pode permitir que os meios de produção sejam servidos contra o trabalho, mas sim, devem servir ao trabalho, a fim de garantir a destinação universal de todos os bens e o direito de todos ao seu uso.

---

(4) OLIVEIRA, Sebastião Geraldo de. *Proteção jurídica à saúde do trabalhador*. 2. ed. São Paulo: LTr, 1998. p. 107-108.

(5) SANCTIS, Frei Antonio de. (Org.). *Encíclicas e documentos sociais; da Rerum Novarum à octogésima adveniens. De Leão XIII, Pio XI, Pio XII, João XXIII, Concílio Vaticano II e Paulo VI*. São Paulo: LTr, 1971. p. 441.

(6) *Ibidem*, p. 69

(7) JOÃO PAULO II. Carta Encíclica Laborem Exercens, item 6 — *O trabalho no sentido subjetivo*: o homem-sujeito do trabalho. Disponível em: <http://www.sitesuol.com.br/gruponatal>. Acesso em: 16 jan. 2001.

Em uma perspectiva cristã, o trabalho é visto como um dos valores humanos fundamentais: "O homem nasce para trabalhar como a ave para voar" (JÓ 5,7).[8]

A hierarquia de valores e o sentido profundo do próprio trabalho exigem que o capital esteja em função do trabalho, e não o trabalho em função do capital.[9]

Mister se faz restituir ao trabalhador a sua dignidade, a sua capacidade humanizante e o seu bem-estar. É necessário resgatar a humanização do trabalho, posto que as inovações técnicas se tornaram formas de dominação do trabalhador. Apesar dessas inovações técnicas, de um lado, serem benéficas para o aumento da produção, de outro, são desumanas, tornando o homem escravo de seu trabalho.

O trabalho é um direito e uma obrigação do homem. O dever de trabalhar não é somente imposto pela necessidade econômica, mas faz parte da condição humana, pois, por meio dele, o trabalhador se aperfeiçoa em sua humanidade.

Por causa do trabalho o homem se torna útil aos outros, dando sua contribuição pessoal ao progresso e à melhoria das condições de vida da sociedade da qual faz parte. É em função do trabalho que o homem exprime e leva à perfeição a sua natureza de ser pessoa.

É por isso que entendo que, sendo admitida a cumulatividade do adicional de insalubridade com o adicional de periculosidade, e do adicional de insalubridade por diversos agentes, estariam os doutrinadores e os aplicadores do direito colaborando para que as empresas estudem e elaborem maneiras de se eliminar ou neutralizar os agentes agressivos (insalubres e perigosos) — que é o objetivo primeiro da norma —, contribuindo, desta forma, para um ambiente de trabalho mais saudável, bem como para a saúde e integridade física do trabalhador e de toda a sociedade que, com isso, se beneficiaria.

Estaria sendo resgatada, desta maneira, a dignidade humana do trabalhador fazendo com que este, ao ter um ambiente saudável ou, em última hipótese, sendo recompensado pelo trabalho em condições insalubres e/ou perigosas, colabore ainda mais para o crescimento humano e social.

Levaria os empregadores a respeitar a dignidade do homem, pois não seria mais admissível que os trabalhadores fossem utilizados como meros instrumentos de lucro, devendo ser recompensados por exercerem trabalho desumano, em ambiente de risco à saúde e à vida, no caso de não ser possível estabelecerem condições saudáveis para o exercício dessa atividade.

---

(8) MARTINS FILHO, Ives Gandra da Silva. *Os direitos fundamentais e os direitos sociais na Constituição de 1988 e sua defesa.* Disponível em: <http://www.infojus.com.br/area8/ivesfilho5.htm>. Acesso em: 21 jan. 2001.

(9) JOÃO PAULO II. Encíclica Laborem Exercens, item 13 — *Economismo e materialismo.* Disponível em: <http://www.sites.uol.com.br/gruponatal>. Acesso em: 16 jan. 2001.

Deve-se procurar um meio eficaz de recompensar o trabalhador por exercer suas atividades laborais em condições perigosas e/ou insalubres, ou seja, em um meio ambiente não salubre.

No decorrer dessa década, após a publicação deste estudo, constatei na prática que os aplicadores do direito foram amadurecendo o entendimento de que a cumulatividade dos adicionais de insalubridade e periculosidade têm a importância que almejo destacar neste trabalho, ou seja, a aplicação da Constituição Federal visando resgatar a dignidade do trabalhador compensando os riscos que o ambiente de trabalho acarreta à sua vida e à sua saúde ao mesmo tempo.

Cumpre salientar que foram abordados, neste trabalho, especialmente os trabalhadores que ficam expostos a ruídos excessivos e que trabalham em locais considerados perigosos, explosivos e/ou inflamáveis.

Para uma maior compreensão, apresento um breve relato sobre a evolução histórica e origem da Segurança e Medicina do Trabalho, a denominação correta desta disciplina, o conceito e obrigações impostas pela mesma, bem como, quando foi incluída na Consolidação das Leis do Trabalho — CLT, e em nossa Constituição Federal.

Foi realizado também um estudo sobre os adicionais de insalubridade e periculosidade, abordando desde sua evolução histórica, embasamento legal, origem e outros aspectos relevantes, tratados nos capítulos seguintes.

Abordei, ainda que resumidamente, o direito à saúde dos trabalhadores nos países do Mercosul, apresentando as legislações pertinentes.

Interessante e de grande importância foi a necessidade de se demonstrar, na prática e por meio de casos concretos, a possibilidade de se cumular os adicionais de periculosidade e de insalubridade apresentados nos estudos de casos de trabalhadores que laboraram em locais insalubres (em virtude de exposição a ruídos excessivos, além dos índices permitidos pela legislação) e perigosos (produtos inflamáveis e explosivos).

Ressaltei ainda que, após um salto quântico de mais de 10 anos, trago a este estudo a evolução da aplicação da legislação pelos aplicadores do direito que foram amadurecendo e compreendendo a intenção do legislador na importância de ser deferido ao trabalhador tanto o adicional de insalubridade quanto o adicional de periculosidade, quando este estiver exposto em seu ambiente de trabalho, aos agentes insalubres e perigosos, ao mesmo tempo que lhe causem danos à saúde ou riscos à sua vida.

Independente da demora na evolução deste entendimento até que chego ao ápice, ou seja, até que o Tribunal Superior do Trabalho (TST) também aderiu a este entendimento, anos se passaram, mas o que mais enobrece a classe trabalhadora é que esta nunca desistiu da luta pelos seus direitos constitucionais.

E, em uma batalha quem ganha não é quem chega ao topo sem esforços, mas quem nunca desiste de ver seu direito reconhecido.

Vale ressaltar que o objetivo da cumulatividade dos adicionais de insalubridade e periculosidade não é somente para que se remunerem os efeitos destruidores do trabalho, mas que o trabalho se organize, para ser uma "atividade criadora e não destruidora"(10) e, sobretudo, que procure resgatar a dignidade humana, e não apenas assegurar uma indenização ou adicional mensal ao obreiro.

Quanto a este ponto, espero que com a maturidade ocorrida no judiciário e o deferimento da cumulatividade dos adicionais de insalubridade e cumulatividade cada vez mais pelos aplicadores do direito, façam com que os empregadores busquem gerar um meio ambiente de trabalho saudável, o que acredito ocorrerá com o passar dos tempos.

Para alcançar os objetivos do presente estudo, foram utilizadas bibliografias de autores do Direito pátrio e internacional que trataram da matéria, quer na área do Direito, quer nas demais áreas envolvidas, especialmente Engenharia, Segurança e Medicina do Trabalho, História etc. Foram realizadas pesquisas de campo, com levantamentos de laudos periciais relativos a reclamações trabalhistas, envolvendo adicionais de insalubridade e periculosidade, bem como coletânea de jurisprudências relativas a ambos adicionais e de legislações, entre outras.

(10) LAURELL, Asa Cristina; NORIEGA, Mariano. *Processo de produção e saúde*: trabalho e desgaste operário. Tradução de Amélia Cohn, Ana Pitta-Hoisel, Ana Isabel Paraguay, Lucia Helena Barbosa. São Paulo: Hucitec, 1989. p. 90.

1. QUESTÕES PRELIMINARES RELACIONADAS À INTERPRETAÇÃO DAS NORMAS

A lei é uma regra social imposta a todos os cidadãos. É à vontade dos particulares que o legislador fala e não à sua inteligência e, quando se dirige a essa, é para alcançar a vontade.(11)

A interpretação é uma atividade criadora, na qual existe uma ideia de direito destinada a expor o significado de uma expressão.

É um processo no qual entra a vontade humana. O intérprete procura determinar o conteúdo exato das palavras e imputar um significado à lei.

Interpretar a lei é atribuir-lhe um significado, medindo-lhe a exata extensão e a possibilidade de sua aplicação a um caso concreto. Consiste, portanto, em determinar-lhe o sentido, chamado também de pensamento, espírito ou vontade da lei.(12)

Nesse sentido, a interpretação é uma escolha entre múltiplas opções e, por mais bem formuladas que sejam as prescrições legais, ela sempre é necessária.

A atividade interpretativa busca, sobretudo, reconstruir o conteúdo normativo, explicitando a norma em concreto, em face de determinado caso.

Interpretar, no dicionário, significa ajuizar a intenção, o sentido de explicar ou aclarar; o sentido de traduzir, decifrar, esclarecer.(13)

É descobrir o sentido e o alcance da norma, procurando o significado dos conceitos jurídicos. O magistrado a todo instante, ao aplicar a legislação ao caso *sub judice*, a interpreta, pesquisando o seu significado. É explicar, esclarecer; dar o verdadeiro significado do vocábulo; extrair da norma tudo o que nela contém, revelando seu sentido apropriado para a vida real e conducente a uma decisão.(14)

É um momento de intersubjetividade: o ato interpretativo do juiz, procurando captar e trazer a ele o ato de outrem, no sentido de se apoderar de um significado objetivamente válido.(15)

---

(11) BEVILAQUA, Clóvis. *Teoria geral do direito civil*. 4. ed. Rio de Janeiro: Ministério da Justiça, 1972. p. 16.

(12) SÜSSEKIND, Arnaldo *et al*. *Instituições de direito do trabalho*. 19. ed. atualizada por Arnaldo Süssekind e João de Lima Teixeira Filho. São Paulo: LTr, 2000. v. 1, p. 196.

(13) FERREIRA, Aurélio B. de Holanda. *Dicionário Aurélio básico da língua portuguesa*. São Paulo: Nova Fronteira, 1988. p. 367.

(14) DINIZ, Maria Helena. *Lei de introdução ao Código Civil brasileiro*. 6. ed. São Paulo: Saraiva, 2000. p. 144.

(15) REALE, Miguel. *O direito como experiência*. 2. ed. São Paulo: Saraiva, 1992. p. 240.

Para o intérprete, aquilo que se compreende da lei consiste em algo objetivo; mas, o aplicador da norma não a reproduz, mas contribui, de certo modo, para constituí-la em seus valores expressivos, visto que lhe compete a tarefa de enquadrar o fato humano dentro de uma norma jurídica.[16]

O intérprete, ao realizar a sua função, deve sempre iniciá-la pelos princípios constitucionais, partindo do princípio maior que rege a matéria em questão, voltando-se em seguida para o mais genérico, depois o mais específico, até encontrar-se a regra concreta que vai orientar a espécie.

Ao intérprete constitucional caberá visualizá-los em cada caso e seguir-lhes as prescrições. A generalidade, a abstração e a capacidade de expansão dos princípios permitem ao intérprete, muitas vezes, superar o legalismo estrito e buscar no próprio sistema a solução mais justa, superadora *do summum ius, summa iniuria*. Mas são esses mesmos princípios que funcionam como limites interpretativos máximos, neutralizando o subjetivismo voluntarista dos sentimentos pessoais e das conveniências políticas, reduzindo a discricionariedade do aplicador da norma e impondo-lhe o dever de justificar seu convencimento.[17]

Além disso, ao se aplicar a legislação, deve-se procurar compreendê-la em atenção aos seus fins sociais e aos valores que pretende garantir (Lei de Introdução às normas do Direito Brasileiro, art. 5º).

É de grande utilidade prática o art. 5º, da Lei de Introdução às normas do Direito Brasileiro, pois a técnica da decisão requer uma solução justa ao caso singular *sub judice*, sem conflitar com o direito positivo e com o meio social.[18]

Não existe lei que não tenha uma finalidade social imediata. Por isso, o conhecimento do fim[19] é uma das preocupações precípuas da ciência jurídica e do órgão aplicador do direito.[20]

Os fins sociais são do direito, pois a ordem jurídica, como um todo, é um conjunto de normas para tornar possível a sociabilidade humana; logo, dever-se-á encontrar nestas normas o seu fim, que não poderá ser antissocial.[21]

O juiz, ao aplicar a lei, entregar-se-á a uma delicada operação de harmonização desses elementos, em face das circunstâncias reais do caso concreto. Quando

---

(16) *Ibidem*, p. 241.

(17) BARROSO, Luiz Roberto. *Fundamentos de uma dogmática constitucional transformadora*. São Paulo: Saraiva, 1996. p. 150.

(18) DINIZ, Maria Helena. *Lei de Introdução ao Código Civil brasileiro.* 6. ed. São Paulo: Saraiva, 2000. p. 148.

(19) Para Aristóteles: "*O fim é a causa final ou aquilo em razão do qual algo se faz*". In: ARISTÓTELES. *Ética a Nicômacos*. Tradução de KURY, Mário de Gama. 2. ed. Brasília: Edunb, 1993. p. 73.

(20) DINIZ, Maria Helena. *Op. cit.*, p. 162.

(21) FERRAZ JUNIOR, Tércio Sampaio. *Introdução ao estudo do direito*: técnica, decisão, dominação. 2. ed. São Paulo: Atlas, 1994. p. 265.

o texto legal se apresentar obscuro ou duvidoso, em função das exigências das modernas condições sociais, o magistrado, ao balancear os elementos do bem comum, exercerá uma função criadora ao adaptar a lei às condições evoluídas da realidade social, para decidir o caso *sub judice*.(22)

As leis positivas são formuladas em termos gerais; fixam regras, consolidam princípios, estabelecem normas, em linguagem clara e precisa, porém ampla, sem descer a minúcias. É tarefa primordial do executor a pesquisa da relação entre o texto abstrato e o caso concreto, entre a norma jurídica e o fato social, isto é, aplicar o direito. Para consegui-lo, se faz necessário um trabalho preliminar: descobrir e fixar o sentido verdadeiro da regra positiva e, logo depois, o respectivo alcance, a sua extensão. Em resumo, o executor extrai da norma tudo o que na mesma se contém: é o que se chama interpretar, isto é, determinar o sentido e o alcance das expressões do Direito.(23)

É importante salientar que a hermenêutica visa revelar, descobrir, perceber qual o significado mais profundo daquilo que está na realidade manifesta. Pela interpretação, descobre-se o significado oculto, não manifesto, não só de um texto (estrito senso), mas também da linguagem. Em verdade, pode-se dizer que, por meio do entendimento, chegamos a conhecer realmente o próprio homem, a realidade em que vive, a sua história e a sua própria existência.

O intérprete é o renovador inteligente e cauto, o sociólogo do direito. O seu trabalho rejuvenesce e fecunda a fórmula prematuramente decrépita e atua como elemento integrador e complementar da própria lei escrita. Esta é a estática, e a função interpretativa, a dinâmica do Direito.(24)

O direito deve acompanhar a evolução cultural. Necessariamente, o ordenamento jurídico deve interagir-se com os acontecimentos sociais, visando buscar a realização de necessidades humanas reais. Há que se evitar o vezo persistente de apresentar doutrinas e teorias jurídicas desligadas de suas condicionantes sociais e políticas, para que não apareçam como puras construções do espírito entre as quais é difícil escolher. Não há como cultivar o direito, isolando-o da vida, que, em nossa época, se caracteriza pela rápida mobilidade, determinada pelo progresso científico e tecnológico, pelo crescimento econômico e industrial, pelo influxo de novas concepções sociais e políticas e por modificações culturais.(25)

A interpretação da norma jurídica em desconformidade com o bem comum, com a evolução cultural, ou ainda, em desacato à própria estrutura de

---

(22) DINIZ, Maria Helena. *Op. cit.*, 165

(23) MAXIMILIANO, Carlos. *Hermenêutica e aplicação do direito*. 11. ed. Rio de Janeiro: Forense, 1991. p. 1.

(24) *Ibidem*, p. 12.

(25) AZEVEDO, Plauto Faraco de. *Aplicação do direito e contexto social.* São Paulo: RT, 1996. p. 63-64.

um ordenamento jurídico geram injustiças, desigualdade social ou, no mínimo, situação de desrespeito em relação ao Judiciário.

Ao julgar o caso concreto, o juiz adapta a lei às necessidades atuais, o que não implica, necessariamente, em uma tradução arbitrária da lei.

O juiz deve estar em sintonia não somente com o direito, mas também ter um profundo conhecimento da natureza humana.

Compreender e interpretar significam conhecer e reconhecer um sentido vigente.

O juiz procura corresponder à ideia jurídica da lei, intermediando-a com o presente. É evidente, ali, uma mediação jurídica.

O que tenta reconhecer é o significado jurídico da lei, não o significado histórico de sua promulgação ou certos casos quaisquer de sua aplicação.

Assim, o juiz não se comporta, como historiador, mas se ocupa de sua própria história, que é seu próprio presente. Por consequência, pode, a cada momento, assumir a posição do historiador, face às questões que implicitamente já o ocuparam como juiz.(26)

O magistrado tem a tarefa prática de decretar a sentença e, nisso, podem entrar em jogo também muitas e diversas considerações político-jurídicas, as quais o historiador jurídico, que tem diante de si a mesma lei, não faz.

Com efeito, para que haja a possibilidade de uma verdadeira hermenêutica jurídica, faz-se necessário que a lei estabeleça a igualdade entre todos os membros da comunidade jurídica.

Caso contrário, não será possível nenhuma interpretação; a vontade do senhor absoluto estará acima da lei onde, por ser superior, o soberano poderá explicar suas próprias palavras, mesmo em contradição com as regras da interpretação.

Assim como no absolutismo(27), o rei pode impor o que lhe parece justo, sem interpretar a lei, ou até mesmo a contrariando.(28)

Sendo a existência do ordenamento jurídico uma constante em toda sociedade, deverá, sempre e necessariamente, sujeitar-se a regras de interpretação jurídica visando conferir a aplicabilidade da norma legal às relações sociais que lhe deram origem, estender o sentido da norma às relações novas, inéditas ao

---

(26) GADAMER, Hans-Georg. *Verdade e método*: traços fundamentais de uma hermenêutica filosófica. Tradução de Flávio Paulo Meurer. Petrópolis: Vozes, 1997. p. 487.

(27) No absolutismo esclarecido o "soberano" explica as suas palavras de forma a não se abolir a lei, mas de maneira a interpretá-la de outra forma, tal que venha a corresponder à sua vontade. *Ibidem*, p. 487.

(28) *Idem*.

tempo de sua criação, e temperar o alcance do preceito normativo, para fazê-lo corresponder às necessidades reais e atuais de caráter social.(29)

Interpretar é explicar, esclarecer; dar o significado de vocábulo, atitude ou comportamento; reproduzir, por outras palavras, um pensamento exteriorizado; mostrar o sentido verdadeiro de uma expressão, extrair, da frase, sentença ou norma, tudo o que na mesma se contém.(30)

Assim, interpretar uma expressão de direito não é simplesmente tornar claro o respectivo dizer, abstratamente falando; é, sobretudo, revelar o sentido apropriado para a vida real, e que nos conduz e a uma decisão reta.

Interpretar a lei é revelar o pensamento que anima as palavras.(31)

Embora a intenção da lei seja um ponto importante para o intérprete, o essencial é escolher, entre os pensamentos possíveis da lei, o sentido mais racional, mais salutar e de efeito mais benéfico. Por isso que a lei admite mais de uma interpretação no decorrer do curso.(32)

A experiência da realidade histórica resultou na formulação do axioma: *summum ius, summa iniuria*, ou seja, o sumo direito é a suma injustiça. Esclareceu também que as experiências do passado e do nosso tempo demonstraram que a justiça, por si só, não basta e que até pode levar à negação e ao aniquilamento de si própria, caso não se permitir àquela força mais profunda, que é o amor plasmar à vida humana nas suas várias dimensões.(33)

A tarefa da interpretação consiste em concretizar a lei em cada caso, isto é, em sua aplicação. A complementação produtiva do direito, que ocorre com isso, está obviamente reservada ao juiz, mas este se encontra sujeito à lei, exatamente como qualquer outro membro da comunidade jurídica. Na ideia de uma ordem judicial, supõe-se o fato de que a sentença do juiz não surja de arbitrariedades imprevisíveis, mas de uma ponderação justa de conjunto.(34)

O entendimento do que se diz deve estabelecer-se a partir das causas do dizer: "não é a coisa que deve sujeitar-se à palavra, mas a palavra à coisa".(35) Assim, deve-se dar mais atenção à causa que move o legislador do que às palavras da lei.

---

(29) GADAMER, Hans-Georg. *Op. cit.*, p. 320.
(30) MAXIMILIANO, Carlos. *Op. cit.*, p. 9.
(31) BEVILAQUA, Clóvis. *Teoria geral do direito civil.* 4. ed. Rio de Janeiro: Ministério da Justiça, 1972. p. 39.
(32) *Ibidem*, p. 45.
(33) Carta Encíclica Dives in misericórdia, item 12 — *Bastará a Justiça?*. São Paulo: LTr, 1996.
(34) GADAMER, Hans-Georg. *Op. cit.*, p. 489
(35) AQUINO, Santo Tomás de. *Escritos políticos de Santo Tomás de Aquino*. Tradução de Francisco Benjamim de Souza Neto. Petrópolis: Vozes, 1997. p. 172

Toda lei deve ser ordenada à salvaguarda comum dos homens. O fim da lei é o bem comum. Não é em virtude de um interesse privado, mas da comum utilidade dos cidadãos que deve ser elaborá-la.

O bem comum, objeto mais alto da virtude justiça, representa uma ordem proporcional de bens em sociedade, de maneira que o Direito não tem a finalidade exclusiva de realizar a coexistência das liberdades individuais, mas sim o objetivo de alcançar a coexistência e a harmonia do bem de cada um com o bem de todos.(36)

O conceito claro de bem comum é uma visão sã de que o mesmo deve estar presente e operar em homens investidos com autoridade pública. Eles têm que levar em conta que o bem comum é o conjunto de todas as condições sociais que favorecem o desenvolvimento integral da pessoa humana.(37)

Portanto, quando a lei for de encontro a sua própria essência, ou seja, quando a lei não for direcionada ao bem comum, perderá o seu sentido e deixará de obrigar. Mesmo em vigor, será uma norma injusta e questionável, só sendo exigida injustamente.

Nenhum homem é sábio o suficiente para conceber todos os casos singulares e, assim, não pode exprimir suficientemente por suas palavras o que é adequado ao fim intencionado.(38)

A ciência do direito sente, nos dias de hoje, imperiosa necessidade de largueza e flexibilidade diante da marcha acelerada e da expansão da cultura e, como a lei é morosa em suas transformações, vai pedir à interpretação, ou melhor, à jurisprudência e à doutrina, um instrumento de adaptação constante do direito à vida real.(39)

Ao magistrado é imprescindível, muito mais que aplicar a lei ao caso concreto, saber interpretá-la de modo a alcançar o justo. Esta interpretação deve considerar, essencialmente, a causa do homem — visto como ser humano que vive em sociedade, que aspira ao bem comum. A lei deve existir para servir ao homem e não, o homem à lei.

A lei é concebida diante da realidade da experiência humana e não deve ser interpretada de modo a levar ao absurdo(40).

---

(36) REALE, Miguel. *Fundamentos do direito*. 3. ed. São Paulo: RT, 1998. p. 311.

(37) SANCTIS, Frei Antonio de. (Org.) *Encíclicas e documentos sociais Da Rerum Novarum à octogésima adveniens. De Leão XIII, Pio XI, Pio XII, João XXIII, Concílio Vaticano II e Paulo VI.* São Paulo: LTr, 1971, item 65, p. 242.

(38) AQUINO, Santo Tomás de. *Op. cit.*, p. 108.

(39) BEVILAQUA, Clóvis. *Op. cit.*, p. 46.

(40) OLIVEIRA, Sebastião Geraldo de. *Op. cit.*, p. 118.

Sobre a interpretação da norma, o Tribunal Superior do Trabalho (TST) evoluiu e trouxe um brilhante estudo no acórdão proferido no Processo n. TST-RR-1072-72.2011.5.02.0384, julgado em 24.9.2014, Relator Ministro Cláudio Mascarenhas Brandão, da 7ª Turma, publicado no DEJT em 3.10.2014, que recepcionou a cumulatividade dos adicionais de insalubridade e periculosidade, o qual pedimos vênia para transcrevê-lo:

> (...) MÉRITO. O exame da controvérsia exige, antes, a análise da estrutura do ordenamento jurídico pátrio que, como de todos sabido, é regido pela Constituição Federal, que servirá de norte para as demais normas buscarem o seu fundamento de validade. Com isso, as disposições infraconstitucionais devem observar os princípios e regras contidos na Lei Maior, sob pena de padecerem do vício da inconstitucionalidade.

Em se tratando de direito ordinário pré-constitucional, com conteúdo contrário às normas advindas de uma nova Constituição, a consequência será distinta: ocorrerá a não recepção de tal regramento, hipótese que prescindirá da manifestação plenária (cláusula "reserva de plenário" — art. 97 da *Lex Fundamentalis*), ou seja, as normas anteriormente editadas perdem condição de sustentabilidade em função do novo regramento introduzido e, com isso, deixam de ter o que se pode denominar de "aderência constitucional", condição imprescindível para que possam continuar a produzir seus efeitos.

Sobre o fenômeno da não recepção de normas do ordenamento anterior à nova Carta Constitucional, já se manifestou o STF:

> CONSTITUCIONAL. CIVIL. DANO MORAL: OFENSA PRATICADA PELA IMPRENSA. INDENIZAÇÃO: TARIFAÇÃO. Lei n. 5.250/67 — Lei de Imprensa, art. 52: NÃO RECEPÇÃO PELA CF/88, art. 5º, incisos V e X. RE INTERPOSTO COM FUNDAMENTO NAS ALÍNEAS *a* e *b*. I. — O acórdão recorrido decidiu que o art. 52 da Lei n. 5.250, de 1967 — Lei de Imprensa — não foi recebido pela CF/88. RE interposto com base nas alíneas *a* e *b* (CF, art. 102, III, a e b). Não-conhecimento do RE com base na alínea *b*, por isso que o acórdão não declarou a inconstitucionalidade do art. 52 da Lei n. 5.250/67. É que não há falar em inconstitucionalidade superveniente. Tem-se, em tal caso, a aplicação da conhecida doutrina de Kelsen: as normas infraconstitucionais anteriores à Constituição, com esta incompatíveis, não são por ela recebidas. Noutras palavras, ocorre derrogação, pela Constituição nova, de normas infraconstitucionais com esta incompatíveis. II. — A Constituição de 1988 emprestou à reparação decorrente do dano moral tratamento especial — C.F., art. 5º, V e X — desejando que a indenização decorrente desse dano fosse a mais ampla. Posta a questão nesses termos, não seria possível sujeitá-la aos limites estreitos da lei de imprensa. Se o fizéssemos, estaríamos interpretando a Constituição no rumo da lei ordinária, quando é de sabença comum que as leis devem ser interpretadas no rumo da Constituição. III. — Não-recepção, pela CF/88, do art. 52 da Lei n. 5.250/67 — Lei de Imprensa. IV. — Precedentes do STF relativamente ao art. 56 da Lei n. 5.250/67: RE 348.827/RJ e 420.784/SP, Velloso, 2ª Turma, 1º.6.2004. V. — RE conhecido — alínea *a* —, mas improvido. RE — alínea *b* — não conhecido.[41]

Significa, nessa linha, afirmar da desnecessidade de pronunciamento do plenário desta Corte sobre o tema ora enfrentado, em face do regramento

(41) RE 396386/SP — São Paulo, Recurso Extraordinário, Relator: Ministro Carlos Velloso, Julgamento: 29.6.2004, Órgão Julgador: Segunda Turma, Publicação DJ 13.8.2004.

constitucional, cuja principal indagação consiste em saber da possibilidade de percepção cumulativa dos adicionais de periculosidade e insalubridade, cujo direito encontra-se previsto, respectivamente, nos arts. 192 e 193, § 1º, da CLT, e também é garantido no art. 7º, XXIII, da Constituição Federal, norma última cujo inteiro teor transcreve-se:

> Art. 7º São direitos dos trabalhadores urbanos e rurais, além de outros que visem à melhoria de sua condição social:
>
> (...)
>
> XXIII — adicional de remuneração para as atividades penosas, insalubres ou perigosas, na forma da lei.

Da interpretação do preceito constitucional referido, extrai-se a conclusão no sentido de que o legislador constituinte assegurou de forma plena o direito ao recebimento dos adicionais de penosidade, insalubridade e periculosidade, sem qualquer ressalva no que tange à cumulação, ainda que tenha remetido sua regulação à lei ordinária, o que ocorre por intermédio de dispositivos da CLT e de Normas Regulamentadoras.

Ao caso, interessa o disposto no art. 193, § 2º, da CLT, incluído pela Lei n. 6.514, de 22.12.1977, ainda em vigor, e o item 16.2.1 da NR-16 da Portaria n. 3.214/78 do Ministério do Trabalho e Emprego, que preveem a possibilidade de opção, em caso de cumulação. Dispõem as citadas normas:

> § 2º O empregado poderá optar pelo adicional de insalubridade que porventura lhe seja devido.
>
> 16.2.1. O empregado poderá optar pelo adicional de insalubridade que porventura lhe seja devido.

A análise conjunta desses dispositivos poderia conduzir à ilação de que a regência por lei ordinária mencionada no dispositivo constitucional autorizaria o acolhimento da restrição nelas imposta, no sentido da impossibilidade de percepção conjunta de ambos os acréscimos.

Contudo, a meu sentir, outra é a interpretação, a partir da afirmação de que não há como se sustentar a recepção das normas acima citadas pela Constituição Federal de 1988.

A possibilidade da cumulação dos adicionais se justifica em virtude da origem dos direitos serem diversos. Não se há de falar em *bis in idem*. No caso da insalubridade, o bem tutelado é a saúde do obreiro, haja vista as condições nocivas presentes no meio ambiente de trabalho; já a periculosidade, traduz situação de perigo iminente que, uma vez ocorrida, pode ceifar a vida do trabalhador, sendo este o bem a que se visa proteger.

São bens jurídicos diversos e com tratamento normativo distinto, seja quanto às hipóteses de cabimento, aos percentuais, ou à base de cálculo.

Não é outro o pensamento do professor José Augusto Rodrigues Pinto:

> Com efeito, a insalubridade é insidiosa e lenta nos seus resultados. O risco provocado pela periculosidade é de impacto e instantâneo, quando se consuma. Daí um deles dirigir-se à saúde, o outro, à integridade física ou à própria vida da vítima de sua ação.
>
> [...] Os adicionais legais são cumuláveis, sob a única condição de que o trabalho seja prestado de acordo com os pressupostos de cada um deles.
>
> O direito à cumulação é de uma lógica irrespondível: se a situação de desconforto pessoal tem correspondência numa indenização, o valor desta deve abranger tantos percentuais quantas sejam as circunstâncias causadoras do desconforto, que traz um dano efetivo ao trabalhador, ou do risco a que ele é exposto.
>
> Por isso mesmo, causa profunda espécie que o art. 193, § 2º, da CLT, herdando restrição levantada desde a Lei n. 2.573/55, que instituiu o adicional de periculosidade, tenha aberto ao empregado submetido às duas condições mais severas de serviço, simultaneamente, o dilema de 'optar (?) pelo adicional de insalubridade que porventura lhe seja devido' quando comprovado pericialmente que também trabalhou em condição perigosa. Não encontramos explicação jurídica para isso, daí entendemos ter havido uma recaída do legislador em favor do poder econômico. E recaída amargamente irônica, além de tudo, ao deixar ao empregado escolher a melhor entre duas desgraças: ficar doente ou morrer, simplesmente.(42)

Desse modo, apesar da necessidade de regulamentação da norma constitucional, não poderia a legislação infraconstitucional ultrapassar o limite por ela imposto e instituir norma menos benéfica ao trabalhador em detrimento da garantia insculpida no art. 7º, *caput*, da Constituição Federal, de estipulação de outros direitos que visem à melhoria de sua condição social e, especialmente, em desrespeito ao princípio de proteção da dignidade da pessoa humana do obreiro.

Na hipótese, o legislador infraconstitucional estaria apto a tratar de detalhes necessários à efetivação do direito aos adicionais, como, por exemplo, regular as situações que caracterizam a insalubridade ou periculosidade no meio ambiente de trabalho, contudo, sem a permissão de alterar o núcleo essencial da aludida regra. A regulamentação complementar prevista no art. 7º, XXIII, deve-se pautar pelos princípios e valores insculpidos no texto constitucional, como forma de alcançar, efetivamente, a finalidade da norma.

---

(42) RODRIGUES PINTO, José Augusto. *Tratado de direito material do trabalho*. São Paulo: LTr, 2007. p. 425-427.

O eminente Ministro desta Corte, Augusto César Leite de Carvalho, com precisão cirúrgica, enfatiza:

> A Consolidação das Leis do Trabalho, em seu art. 193, § 2º, prevê que 'o empregado poderá optar pelo adicional de insalubridade que porventura lhe seja devido'. À parte o desvio de ótica, pois não pode ser uma ventura laborar em condições insalubres, é certo que o citado dispositivo sempre foi interpretado como uma proibição a que o empregado pudesse exigir os dois adicionais, quando ambos os agentes, insalubre e perigoso, estiverem presentes. Na esteira dessa compreensão, o item 15.3 da Norma Regulamentadora n. 15 do Ministério do Trabalho estabelece: 'No caso de incidência de mais de um fator de insalubridade, será apenas considerado o de grau mais elevado, para efeito de acréscimo salarial, sendo vedada a percepção cumulativa'. Interpretando-se assim o art. 193, § 2º da CLT, bem se vê que se cuida de regra injusta, pois permite que o empregado labore em situação de risco à sua integridade física sem que receba o adicional correspondente, pois estaria recebendo adicional relativo a agente nocivo à sua saúde, ou vice-versa.
>
> Ao versar sobre essa impossibilidade legal de acumulação dos dois adicionais, Rodrigues Pinto lembra que tal norma proibitiva é um legado da Lei n. 2.573/55, que instituiu o adicional de periculosidade, mas é enfático: 'Explicação jurídica não encontramos para isso, daí entendermos ter havido uma recaída do legislador em favor do poder econômico'. A orientação jurisprudencial que tem prevalecido é, entretanto, a de que os adicionais de insalubridade e de periculosidade são inacumuláveis.
>
> Como quer que seja, é hora de se questionar a validade dessa norma frente ao que preceitua o art. 7º, XXIII, da Constituição, que diz ser direito do trabalhador o 'adicional de remuneração para as atividades penosas, insalubres ou perigosas, na forma da lei'. Ante o postulado da norma mais favorável, consagrado no *caput* desse dispositivo constitucional, a norma legal está autorizada a regular os casos em que são devidos os adicionais de penosidade, insalubridade ou periculosidade e a fixar os respectivos percentuais. A conjunção *ou* estaria presente, no texto do inciso sob análise, pois o uso da conjunção aditiva (*e*) faria concluir que toda atividade penosa também seria insalubre e, por igual, necessariamente perigosa.
>
> A nosso entendimento, não estaria o legislador infraconstitucional autorizado a suprimir o direito ao adicional de periculosidade, em hipótese que a lei enumera como de risco. E como o suprime sem qualquer justificativa, o art. 193, § 2º da CLT, se apresenta, pura e simplesmente, como a negação de um direito fundado na Constituição.

Ademais, o art. 8, item 3, da Convenção n. 148 da OIT, preconiza: 'Os critérios e limites de exposição deverão ser fixados, completados e revisados a intervalos regulares, de conformidade com os novos conhecimentos e dados nacionais e internacionais, e tendo em conta, na medida do possível, qualquer aumento dos riscos profissionais resultante da exposição simultânea a vários fatores nocivos no local de trabalho'. O Estado brasileiro novamente se comprometeu, ao ratificar a Convenção n. 155 da OIT, a implementar o que recomenda o seu art. 11, *b*: 'deverão ser levados em consideração os riscos para a saúde decorrentes da exposição simultânea a diversas substâncias ou agentes'.

Portanto, a orientação jurisprudencial que predomina, no sentido de que são inacumuláveis os adicionais de insalubridade e de periculosidade, frustra, a nosso ver, o desígnio constitucional e também o compromisso assumido pelo Brasil quando ratificou as Convenções ns. 148 e 155 da OIT; em rigor, essa orientação relativiza o direito fundamental à compensação monetária pela exposição a agentes nocivos à saúde ou à integridade física do trabalhador.[43]

Diante dos argumentos expostos, percebe-se claramente que o art. 193, § 2º, da CLT e o item 16.2.1 da NR-16 da Portaria n. 3.214/78 do Ministério do Trabalho e Emprego não foram recebidos pela atual Constituição, uma vez que os seus conteúdos não se coadunam com os princípios e regras trazidos no texto constitucional. Trata-se da chamada incompatibilidade material.

O papel do intérprete é atribuir à interpretação constitucional a máxima efetividade, a fim de que possa, de imediato, produzir as consequências desejadas pelo constituinte e, assim, conformar o comportamento social ao quanto por ela desejado. Nas palavras do Ministro Luís Roberto Barroso:

> Efetividade significa a realização do Direito, a atuação prática da norma, fazendo prevalecer no mundo dos fatos os valores e interesses por ela tutelados. Simboliza, portanto, a aproximação, tão íntima quanto possível, entre o *dever-ser* normativo e o *ser* da realização social. *O intérprete constitucional deve ter compromisso com a efetividade da Constituição: entre interpretações alternativas e plausíveis, deverá prestigiar aquela que permita atuação da vontade constitucional, evitando, no limite do possível, soluções que se refugiem no argumento da não autoaplicabilidade da norma ou na ocorrência de omissões do legislador.*"[44] (grifos nossos).

---

(43) LEITE DE CARVALHO, Augusto César. *Direito do trabalho:* curso e discurso. Aracaju: Evocati, 2011. p. 200-201.

(44) BARROSO, Luís Roberto. In: CANOTILHO, J. J. Gomes *et al*. *Comentários à Constituição do Brasil*. São Paulo: Saraiva, 2014. p. 94.

E outra não me parece haver sido a "vontade constitucional", no que tocante à hipótese de percepção simultânea e cumulativa, em sendo diversos agentes agressivos à saúde (insalubridade) e risco de vida, em face do contato com substâncias inflamáveis ou explosivas em condições de risco acentuado (periculosidade).

Se tais argumentos não fossem suficientes, outro fator que sustenta a inaplicabilidade dos preceitos analisados é a introdução no sistema jurídico interno das Convenções Internacionais ns. 148, promulgada pelo Decreto n. 93.413 de 15.10.86, com vigência nacional a partir de 14 de janeiro de 1983, e 155, promulgada pelo Decreto n. 1.254 de 29.9.94, com vigência nacional a partir de 18 de maio de 1993.

As normas internacionais incorporadas passaram a admitir a hipótese de cumulação dos adicionais e estabelecem critérios e limites dos riscos profissionais em face da exposição simultânea a vários fatores nocivos. É o que se extrai dos trechos abaixo citados:

> Art. 8.3. Os critérios e limites de exposição deverão ser fixados, completados e revisados a intervalos regulares, de conformidade com os novos conhecimentos e dados nacionais e internacionais, e tendo em conta, na medida do possível, *qualquer aumento dos riscos profissionais resultante da exposição simultânea a vários fatores nocivos no local de trabalho.* (Convenção n. 148 da OIT — grifos nossos);
>
> Art. 11. Com a finalidade de tornar efetiva a política referida no art. 4 da presente Convenção, a autoridade ou as autoridades competentes deverão garantir a realização progressiva das seguintes tarefas:
>
> (...)
>
> b) a determinação das operações e processos que serão proibidos, limitados ou sujeitos à autorização ou ao controle da autoridade ou autoridades competentes, assim como a determinação das substâncias e agentes aos quais estará proibida a exposição no trabalho, ou bem limitada ou sujeita à autorização ou ao controle da autoridade ou autoridades competentes; *deverão ser levados em consideração os riscos para a saúde decorrentes da exposição simultânea a diversas substâncias ou agentes.*[45] (grifos nossos).

Sendo diferentes os fatores de risco à saúde, cada um dos adicionais de periculosidade e insalubridade busca compensar o trabalhador pela exposição particularizada a cada um deles e, caso ocorra simultaneamente, a regra internacional autoriza sejam considerados, de igual modo, também de modo cumulativo, como assinalado nas conclusões lançadas acima.

Poder-se-ía argumentar pela prevalência do direito interno invocado e, no particular, Flávia Piovesan, ensina:

> Em suma, a hierarquia constitucional dos tratados de proteção dos direitos humanos decorre da previsão constitucional do art. 5º, § 2º, à luz

(45) Convenção n. 155 da OIT.

de uma interpretação sistemática e teleológica da Carta, particularmente da prioridade que atribui aos direitos fundamentais e ao princípio da dignidade da pessoa humana. Essa opção do constituinte de 1988 se justifica em face do caráter especial dos tratados de direitos humanos e, no entender de parte da doutrina, da superioridade desses tratados no plano internacional.

Acrescente-se que, além da concepção que confere aos tratados de direitos humanos natureza constitucional (concepção defendida por este trabalho) e da concepção, que, ao revés, confere aos tratados *status* paritário ao da lei federal (posição majoritária do STF), destacam-se outras duas correntes doutrinárias. Uma delas sustenta que os tratados de direitos humanos têm hierarquia supraconstitucional, enquanto a outra corrente defende a hierarquia infraconstitucional, mas supralegal, dos tratados de direitos humanos.

(...)

Ao realçar a supremacia do Direito Internacional em relação ao ordenamento jurídico nacional, argumenta ainda Hildebrando Accioly: 'É lícito sustentar-se, de acordo, aliás, com a opinião da maioria dos internacionalistas contemporâneos, que o Direito Internacional é superior ao Estado, tem supremacia sobre o direito interno, por isto que deriva de um princípio superior à vontade dos Estados. Não se dirá que o poder do Estado seja uma delegação do direito internacional; mas parece incontestável que este constitui um limite jurídico ao dito poder. (...) Realmente, se é verdade que uma lei interna revoga outra ou outras anteriores, contrárias à primeira, o mesmo não se poderá dizer quando a lei anterior representa direito convencional transformado em direito interno, porque o Estado tem o dever de respeitar suas obrigações contratuais e não as pode revogar unilateralmente. Daí poder dizer-se que, na legislação interna, os tratados ou convenções a ela incorporados forma um direito especial que a lei interna, comum, não pode revogar'. Daí também a razão por que a Corte permanente de Justiça Internacional, em parecer consultivo proferido a 31 de julho de 1930, declarou: 'É princípio geralmente reconhecido, do Direito Internacional, que, nas relações entre potências contratantes de um tratado, as disposições de uma lei interna não podem prevalecer sobre as do tratado'.

No mesmo sentido, leciona Marotta Rangel: 'A superioridade do tratado em relação às normas do Direito Interno é consagrada pela jurisprudência internacional e tem por fundamento a noção de unidade e solidariedade do gênero humano e deflui normalmente de princípios jurídicos fundamentais, tal como o *pacta sunt servanda* e o *voluntas civitatis maximae est servanda*'.

Destaca-se, ainda, a corrente doutrinária que defende a hierarquia infraconstitucional, mas supralegal, dos tratados de direitos humanos. A respeito, merece menção o entendimento do Ministro Sepúlveda Pertence por ocasião do julgamento do RHC n. 79.785-RJ, no Supremo Tribunal Federal, em maio de 2000, que envolvia o alcance interpretativo do princípio do duplo grau de jurisdição, previsto pela Convenção Americana de Direitos Humanos. Ressaltou, em seu voto, o referido Ministro: 'Desde logo, participo do entendimento unânime do Tribunal que recusa a prevalência sobre a Constituição de qualquer convenção internacional (cf. decisão preliminar sobre o cabimento da ADIn 1.480, cit., Inf. STF 48)'. E prosseguiu: 'Na ordem interna, direitos e garantias fundamentais o são, com grande frequência, precisamente porque — alçados ao texto constitucional — se erigem em limitações positivas ou negativas ao conteúdo das leis futuras, assim como à recepção das anteriores à Constituição (Hans Kelsen, *Teoria geral do direito e do Estado*, trad. M. Fontes, UnB, 1990, p. 255). Se assim é, à primeira vista, parificar às leis ordinárias os tratados a que alude o art. 5º, § 2º, da Constituição, seria esvaziar de muito do seu sentido útil a inovação, que, malgrado os termos equívocos do seu enunciado, traduziu uma abertura significativa ao movimento de internacionalização de direitos humanos. Ainda sem certezas suficientemente amadurecidas, tendo assim — aproximando-me, creio, da linha desenvolvida no Brasil por Cançado Trindade (Memorial em prol de uma nova mentalidade quanto à proteção de direitos humanos nos planos internacional e nacional em *arquivos de direitos humanos*, 2000, 1/3, 43) e pela ilustrada Flávia Piovesan (A Constituição Brasileira de 1988 e os Tratados Internacionais de Proteção dos Direitos Humanos, em E. Boucault e N. Araújo (org.), *Os direitos humanos e o direito interno*) — a aceitar a outorga de força supralegal às convenções de direitos humanos, de modo a dar aplicação direta às suas normas — até, se necessário, contra a lei ordinária — sempre que, sem ferir a Constituição, a complementem, especificando ou ampliando os direitos e garantias dela constantes'.

Esse entendimento consagra a hierarquia infraconstitucional, mas supralegal, dos tratados internacionais de direitos humanos, distinguindo-os dos tratados tradicionais. Divorcia-se, dessa forma, da tese majoritária do STF a respeito da paridade entre tratados internacionais e leis federais.

Em síntese, há quatro correntes acerca da hierarquia dos tratados de proteção dos direitos humanos, que sustentam: a) a hierarquia supraconstitucional de tais tratados; b) a hierarquia constitucional; c) a hierarquia infraconstitucional, mas supralegal; e d) a paridade hierárquica entre tratado e lei federal.

No sentido de responder à polêmica doutrinária e jurisprudencial concernente à hierarquia dos tratados internacionais de proteção dos direitos humanos, a Emenda Constitucional n. 45, de 8 de dezembro de 2004, introduziu um § 3º no art. 5º, dispondo: 'Os tratados e convenções internacionais sobre direitos humanos que forem aprovados, em cada Casa do Congresso Nacional, em dois turnos, por três quintos dos votos dos respectivos membros, serão equivalentes às emendas à Constituição'.

Em face de todos argumentos já expostos, sustenta-se que hierarquia constitucional já se extrai de interpretação conferida ao próprio art. 5º, § 2º, da Constituição de 1988. Vale dizer, seria mais adequado que a redação do aludido § 3º do art. 5º endossasse a hierarquia formalmente constitucional de todos os tratados internacionais de proteção dos direitos humanos ratificados, afirmando — tal como o fez o texto argentino — que os tratados internacionais de proteção de direitos humanos ratificados pelo Estado brasileiro têm hierarquia constitucional.

No entanto, estabelece o § 3º do art. 5º que os tratados internacionais de direitos humanos aprovados, em cada Casa do Congresso Nacional, em dois turnos, por três quintos dos votos dos respectivos membros, serão equivalentes às emendas à Constituição.

(...)

Reitere-se que, por força do art. 5º, § 2º, todos os tratados de direitos humanos, independentemente do *quórum* de sua aprovação, são materialmente constitucionais, compondo o bloco de constitucionalidade. O *quórum* qualificado está tão-somente a reforçar tal natureza, ao adicionar um lastro formalmente constitucional aos tratados ratificados, propiciando a 'constitucionalização formal' dos tratados de direitos humanos no âmbito jurídico interno. Como já defendido por este trabalho, na hermenêutica emancipatória dos direitos há que imperar uma lógica material e não formal, orientada por valores, a celebrar o valor fundante da prevalência da dignidade humana. À hierarquia de valores deve corresponder uma hierarquia de normas, e não o oposto. Vale dizer, a preponderância material de um bem jurídico, como é o caso de um direito fundamental, deve condicionar a forma no plano jurídico-normativo, e não ser condicionado por ela.[46]

---

(46) PIOVESAN, Flávia. *Direitos humanos e o direito constitucional internacional.* 10. ed. São Paulo: Saraiva, 2009. p. 68-72

Ainda que, a meu ver, procedam de modo integral os argumentos sustentados pela doutrinadora, no que é seguida por outros autores como Cançado Trindade e Valério Mazzuoli, o posicionamento adotado no STF é no sentido de que os tratados e convenções internacionais que versem sobre direitos humanos e que tenham ingressado no ordenamento jurídico antes da Emenda Constitucional n. 45/2004 e, por essa razão, sem o *quórum* qualificado exigido (art. 5º, § 3º), possuem *status* de norma supralegal, como reconhecido no voto prevalecente do Ministro Gilmar Mendes no Recurso Extraordinário n. 466.343-1-SP (destaques postos), ao afirmar o anacronismo da tese da legalidade ordinária dos tratados de direitos humanos frente ao texto constitucional, mesmo antes da reforma produzida pela EC-45/04, com apoio na doutrina de Cançado Trindade, dentre outros:

> Em termos práticos, trata-se de uma declaração eloquente de que os tratados já ratificados pelo Brasil, anteriormente à mudança constitucional, e não submetidos ao processo legislativo especial de aprovação no Congresso Nacional, não podem ser comparados às normas constitucionais.
>
> Não se pode negar, por outro lado, que a reforma também acabou por ressaltar o caráter especial dos tratados de direitos humanos em relação aos demais tratados de reciprocidade entre os Estados pactuantes, conferindo-lhes lugar privilegiado no ordenamento jurídico.
>
> [...]
>
> Importante deixar claro, também, que a tese da legalidade ordinária, na medida em que permite ao Estado brasileiro, ao fim e ao cabo, o descumprimento unilateral de um acordo internacional, vai de encontro aos princípios internacionais fixados pela Convenção de Viena sobre o Direito dos Tratados, de 1969, a qual, em seu art. 27, determina que nenhum Estado pactuante 'pode invocar as disposições de seu direito interno para justificar o inadimplemento de um tratado'.
>
> Por conseguinte, parece mais consistente a interpretação que atribui a característica de supralegalidade aos tratados e convenções de direitos humanos. Essa tese pugna pelo argumento de que os tratados sobre direitos humanos seriam infraconstitucionais, porém, diante de seu caráter especial em relação aos demais atos normativos internacionais, também seriam dotados de um atributo de supralegalidade.
>
> Em outros termos, os tratados sobre direitos humanos não poderiam afrontar a supremacia da Constituição, mas teriam lugar especial reservado no ordenamento jurídico. Equipará-los à legislação ordinária seria subestimar o seu valor especial no contexto do sistema de proteção dos direitos da pessoa humana.
>
> [...]
>
> Portanto, diante do inequívoco caráter especial dos tratados internacionais que cuidam da proteção dos direitos humanos, não é difícil entender que a sua internalização no ordenamento jurídico, por meio do procedimento de ratificação previsto na Constituição, tem o condão de paralisar a eficácia jurídica de toda e qualquer disciplina normativa infraconstitucional com ela conflitante." (RE n. 466.343-1/SP. Relator: Ministro César Peluso).

Destaque-se, em virtude de sua importância, ainda nas palavras do Ministro Gilmar Mendes, "o efeito paralisante de toda e qualquer disciplina normativa infraconstitucional" conflitante com os tratados internacionais ratificados pelo Brasil, em face do procedimento de ratificação previsto na Carta Magna.

Paralisar, portanto, é deixar de produzir efeitos, perder "sustentação constitucional", não mais encontrar "aconchego no colo da Constituição".

Uma conclusão emerge de maneira inquestionável na jurisprudência do STF: o reconhecimento de que os tratados de direitos humanos não possuem eficácia normativa apenas equivalente à lei ordinária e há de produzir efeito no direito interno.

Merece assinalar que, embora tenha sedimentado tal posicionamento em 3.12.2008 (data da conclusão do julgamento do precedente mencionado), a jurisprudência do STF vinha se manifestando sobre o tema desde 2000, inicialmente por meio do RHC n. 79.785/RJ, da relatoria do Ministro Sepúlveda Pertence, no qual reconheceu a tese da supralegalidade dos tratados de direitos humanos (julgamento em 29.3.2000) e, mais tarde, em afirmação ainda mais abrangente, quando proclamou a índole e nível constitucional dessas normas, desta feita em julgado da lavra do Ministro Celso de Mello (HC 87.585/TO).

Observe-se, então, que desde o ano de 2000 a discussão no Supremo residia em saber se estavam apenas acima da lei ordinária ou se estavam no mesmo plano constitucional; não mais se discutia, pelo menos a partir de então, se equivaliam à lei ordinária.

Em face da decisão do STF, o sistema jurídico inaugurou nova forma de verificação da compatibilidade das normas dele integrantes pois, além de vigentes e eficazes, devem estar em conformidade com os tratados ratificados pelo Brasil, cabendo ao Judiciário, quando provocado, promover o denominado "controle de convencionalidade" que nada mais é do que "o processo de compatibilidade vertical (sobretudo material) das normas de Direito interno com os comandos encontrados nas convenções internacionais de direitos humanos."(47)

O mesmo autor, em outra passagem de trabalho a respeito, enfatiza não apenas a necessidade de que seja efetuado tal controle, como também destaca a autorização conferida aos tribunais para o exercício do controle difuso de adequação das normas internas aos tratados internacionais:

> Tal controle passa, doravante, a ter também caráter difuso, a exemplo do controle difuso de constitucionalidade, pelo qual qualquer juiz ou tribunal pode se manifestar a respeito. À medida que os tratados forem sendo incorporados ao direito pátrio, os tribunais locais — estando

---

(47) MAZZUOLI, Valério. *Curso de direito internacional público*. 4. ed. São Paulo: Revista dos Tribunais, 2009. p. 346.

> tais tratados em vigor no plano internacional — podem, desde já e independentemente de qualquer condição ulterior, compatibilizar as leis domésticas com o conteúdo dos tratados (de direitos humanos ou comuns) vigentes no país. Em outras palavras, os tratados internacionais incorporados ao direito brasileiro passam a ter eficácia paralisante (para além de derrogatória) das demais espécies normativas domésticas, cabendo ao juiz coordenar essas fontes (internacionais e internas) e escutar o que elas dizem.[48]

Concluiu:

> Do exposto, vê-se que a produção normativa doméstica depende, para sua validade e consequente eficácia, de estar de acordo tanto com a Constituição como com os tratados internacionais (de direitos humanos ou não) ratificados pelo governo. [...] A *contrario sensu*, não basta a norma infraconstitucional ser compatível com a Constituição e incompatível com um tratado ratificado pelo Brasil (seja de direitos humanos, que tem a mesma hierarquia do texto constitucional, seja um tratado comum, cujo *status* é de norma supralegal), pois, nesse caso, operar-se-á de imediato a terminação da validade da norma (que, no entanto, continuará vigente, por não ter sido expressamente revogada por outro diploma congênere de direito interno). A compatibilidade do direito doméstico com os tratados internacionais de direitos humanos em vigor no país faz-se por meio do controle de convencionalidade, que é complementar e coadjuvante do conhecido controle de constitucionalidade.[49]

Embora afirme ser, tal modalidade, nova no Brasil, aponta haver sido inaugurada no Continente Americano em 2006 em julgamento da Corte Interamericana de Direitos Humanos do qual extraio expressiva transcrição que, embora se refira à Convenção Americana, se aplica a todo e qualquer tratado de direitos humanos, também como afirmado pelo citado autor:

> Quando um Estado ratifica um tratado internacional como a Convenção Americana, seus juízes também estão submetidos a ela, o que os obriga a velar para que o efeito útil da Convenção não se veja diminuído ou anulado pela aplicação de leis contrárias às suas disposições, objeto e fim. Em outras palavras, os órgãos do Poder Judiciário devem exercer não somente um controle de constitucionalidade, senão também 'de convencionalidade' *ex officio* entre as normas internas e a Convenção

---

(48) MAZZUOLI, Valério. *Teoria geral do controle de convencionalidade no direito brasileiro.* p. 127. Disponível em: <http://www2.senado.leg.br/bdsf/bitstream/handle/id/194897/000861730.pdf?sequence=3>.

(49) MAZZUOLI, Valério. *Op. cit.*, p. 128. Disponível em: <http://www2.senado.leg.br/bdsf/bitstream/handle/id/194897/000861730.pdf?sequence=3>.

> Americana, evidentemente no âmbito de suas respectivas competências e dos regulamentos processuais correspondentes. Esta função não se deve limitar exclusivamente às manifestações ou atos dos postulantes em cada caso concreto[...].(50)

Por sua vez, em virtude desse conteúdo e não terem ingressado no ordenamento pelo *quórum* qualificado, as convenções mencionadas possuem *status* supralegal — portanto acima da lei interna e abaixo da Constituição — e torna inaplicável a legislação infraconstitucional com elas conflitante pois, nas palavras de Flávia Piovesan, ao serem ratificados:

> [...] inovam significativamente o universo dos direitos nacionalmente consagrados — ora reforçando sua imperatividade jurídica, ora adicionando novos direitos, ora suspendendo preceitos que sejam menos favoráveis à proteção dos direitos humanos. Em todas estas três hipóteses, os direitos internacionais constantes dos tratados de direitos humanos apenas vêm aprimorar e fortalecer, nunca a restringir ou debilitar, o grau de proteção dos direitos consagrados no plano normativo interno.(51)

É certo que, mesmo que se considerassem de idêntica hierarquia — as normas oriundas das convenções mencionadas e da CLT —, essa conclusão entraria em rota de colisão com o quanto anteriormente decidido pelo STF em casos nos quais reconhecia a paridade normativa entre tratados internacionais e leis internas e o critério cronológico como determinante para a vigência e eficácia e, com isso, admitir a possibilidade de a norma posterior revogar a anterior ou se for específica, como exemplifica o precedente que transcrevo, com destaques postos, embora afirme haver sido superado tal posicionamento jurisprudencial posteriormente:

> [...] PARIDADE NORMATIVA ENTRE LEIS ORDINÁRIAS BRASILEIRAS E TRATADOS INTERNACIONAIS — Tratados e convenções internacionais — tendo-se presente o sistema jurídico existente no Brasil (RTJ 83/809) — guardam estrita relação de paridade normativa com as leis ordinárias editadas pelo Estado brasileiro. A normatividade emergente dos tratados internacionais, dentro do sistema jurídico brasileiro, permite situar esses atos de direito internacional público, no que concerne à hierarquia das fontes, no mesmo plano e no mesmo grau de eficácia em que se posicionam as leis internas do Brasil. A eventual precedência dos atos internacionais sobre as normas infraconstitucionais de direito interno brasileiro somente ocorrerá — presente o contexto de eventual situação de antinomia com o ordenamento doméstico —, não em virtude de uma inexistente primazia hierárquica, mas, sempre, em face da aplicação do critério cronológico (*lex posterior derogat priori*) ou, quando cabível, do critério da especialidade. Precedentes. EXTRADIÇÃO E PRESCRIÇÃO PENAL — Não se concederá a extradição quando estiver extinta

---

(50) MAZZUOLI, Valério. *Curso de direito internacional público*. 4. ed. São Paulo: Revista dos Tribunais, 2009. p. 393.

(51) GOMES, Luiz Flávio; PIOVESAN, Flávia (Coord.). *O sistema interamericano de proteção dos direitos humanos e o direito brasileiro*. São Paulo: Revista dos Tribunais, 2000. p. 179.

a punibilidade do extraditando pela consumação da prescrição penal, seja nos termos da lei brasileira, seja segundo o ordenamento positivo do Estado requerente. A satisfação da exigência concernente à dupla punibilidade constitui requisito essencial ao deferimento do pedido extradicional. Com a consumação da prescrição penal extraordinária pertinente ao delito de corrupção passiva, reconhecida nos termos da legislação criminal peruana, inviabilizou-se — no que concerne a essa específica modalidade de crime contra a Administração Pública — a possibilidade de deferimento da postulação extradicional. (Ext 662, Relator: Min. CELSO DE MELLO, Tribunal Pleno, julgado em 28.11.1996, DJ 30.5.1997, p. 23.176, EMENT v. 01871-01, p. 00015)

Sendo, portanto, normas de hierarquia idêntica — se assim fosse possível se concluir, repito —, o advento das convenções firmadas pelo Brasil, incorporadas ao direito interno, provocaria a derrogação daquelas que, com elas, se mostrassem incompatíveis, a exemplo do art. 193, § 2º, da CLT, já referido.

Poderia ainda remanescer uma última controvérsia em torno da equivalência das convenções oriundas da OIT, se teriam equivalência aos tratados internacionais de direitos humanos e, nesse aspecto, inequívoca é a resposta diante do conteúdo de direitos sociais que ostentam, reconhecidos, há muito, como *direitos fundamentais de segunda geração*, desde a clássica lição de Norberto Bobbio (*A era dos direitos*. Rio de Janeiro: Campus, 1992), até a expressa referência no art. 6º, *caput*, da Constituição, no que se refere ao trabalho. Ressalta, mais uma vez, Valério Mazzuoli, ainda que as eleve ao patamar de conteúdo constitucional:

> Não se pode esquecer que, sendo as convenções internacionais do trabalho tratados internacionais que versam sobre *direitos humanos* (notadamente direitos sociais), sua integração ao direito brasileiro dá-se com o *status* de norma materialmente constitucional[...].(52)

Dúvidas não subsistem quanto ao fato de as aludidas Convenções ns. 148 e 155 serem normas de direitos humanos, considerando a peculiar circunstância de versarem, a primeira, sobre Meio Ambiente do Trabalho (Ruído e Vibrações) e Segurança e Saúde dos Trabalhadores, a segunda.

Significa afirmar que, antes da manifestação da Excelsa Corte, poderia até ser sustentada a tese de ocorrência de conflitos de norma de hierarquia equivalente e, por isso mesmo, a prevalência do argumento da incompatibilidade entre ambas. Contudo, a partir de então, se as Convenções mencionadas situam-se acima da legislação consolidada, as suas disposições hão de prevalecer, tal como ocorreu com a autorização da prisão civil decorrente da condição de depositário infiel, afastada do ordenamento jurídico pátrio por decisão do STF.

Ademais, por se tratarem de normas posteriores, especiais e, ainda, mais benéficas ao trabalhador, devem prevalecer sobre as disposições contidas no art. 193, § 2º, da CLT e no item 16.2.1 da NR-16 da Portaria n. 3.214 do Ministério do Trabalho e Emprego.

---

(52) MAZZUOLI, Valério. *Curso de direito internacional público*. 4. ed. São Paulo: Revista dos Tribunais, 2009. p. 923.

É como pensa Gabriela Neves Delgado, ao se referir ao julgamento em foco, em trabalho publicado na revista desta Casa:

> Como os diversos jurídicos de proteção devem interagir em benefício dos indivíduos protegidos, e o que importa é o grau de eficácia dessa proteção, deve-se aplicar, em cada caso concreto, "a norma que ofereça melhor proteção à vítima", adotando-se o valor humano, orientado pelo postulado da dignidade da pessoa humana, como referência maior para o cotejo da norma.(53)

Exceção haveria se as convenções mencionadas consagrassem normas menos favoráveis ao trabalhador, o que autorizaria o seu afastamento, diante da regra contida no § 8º do art. 19 da Constituição da OIT:

> 8. Em caso algum, a adoção, pela Conferência, de uma convenção ou recomendação, ou a ratificação, por um Estado-Membro, de uma convenção, deverão ser consideradas como afetando qualquer lei, sentença, costumes ou acordos que assegurem aos trabalhadores interessados condições mais favoráveis que as previstas pela convenção ou recomendação.

Finalmente, embora despiciendo, incumbe salientar a imposição ao Judiciário para, em sua atuação, tornar efetivas as aludidas normas, mais do que apenas reconhecer a sua existência e efetividade, diante da obrigatoriedade também a ele imposta, em face da vinculação de todo Estado brasileiro, e não apenas do Poder Executivo que a subscreveu.

Precisas são, nesse aspecto, as palavras de Mirtô Fraga, com destaques da transcrição:

> O tratado, regularmente concluído — inclusive com aprovação do Congresso — não obriga, apenas, o Executivo; vincula todo o Estado, todos os Poderes, devendo cada um cumprir sua parte: o Legislativo, aprovando as leis necessárias e abstendo-se de votar as que lhe sejam contrárias; o Executivo, regulamentando-as e tudo fazendo para sua fiel execução; o Judiciário, aplicando o tratado e as normas que o regulamentam, dando a um e outras eficácia, inclusive contra regra interna que lhes seja contrária. (54)

Em idêntico sentido, Antônio Augusto Cançado Trindade, que destaca objetivos, alcance e destinatários dessa obrigação:

> No presente contexto de proteção, já não mais se justifica que o direito internacional e o direito interno continuem sendo abordados de

---

(53) DELGADO, Gabriela Neves. Direitos humanos dos trabalhadores: perspectiva de análise a partir dos princípios internacionais do direito do trabalho e do direito previdenciário. *Revista do TST*. Brasília, v. 77, n. 3, p. 65, jul./set. 2011.

(54) FRAGA, Mirtô. *O conflito entre tratado internacional e norma de direito interno*. Rio de Janeiro: Forense, 2006. p. 84.

forma estanque ou compartimentalizada, como o foram no passado. Ao criarem obrigações para os Estados *vis-à-vis* os seres humanos sob sua jurisdição, as normas dos tratados de direitos humanos aplicam-se não só na ação conjunta (exercício da garantia coletiva) dos Estados Partes na realização do propósito comum de proteção, mas também e sobretudo no âmbito do ordenamento jurídico interno de cada um deles. O cumprimento das obrigações internacionais de proteção requer o concurso dos órgãos internos dos Estados, e estes são chamados a aplicar as normas internacionais. É este o traço distintivo e um dos mais marcantes dos tratados de direitos humanos, dotados de especificidade própria. Com a interação entre o direito internacional e o direito interno no presente contexto, os grandes beneficiários são as pessoas protegidas.(55)

Cabe, portanto, a este Tribunal proclamar a superação da norma interna em face de outra, de origem internacional, mais benéfica, papel, aliás, próprio do Judiciário, como Alessandro Santos de Miranda:

> Concluindo afirmativamente o debate sobre a possibilidade de se requerer judicialmente a satisfação dos direitos sociais fundamentais, cabe ressaltar que não existe direito social fundamental que não apresente ao menos alguma característica ou faceta que permita sua judicialidade no caso de violação.(56)

Em síntese conclusiva, afirmo:

a) o direito aos adicionais de insalubridade e periculosidade é assegurado no art. 7º, XXIII, da Constituição Federal, de forma plena, sem qualquer ressalva no que tange à cumulação;

b) a possibilidade de regulação por lei ordinária, mencionada no citado dispositivo, não autoriza a redução do alcance do preceito constitucional, em interpretação restritiva, sob pena de atingir, frontalmente, o princípio da máxima efetividade da Constituição;

c) mesmo que não se reconheça a natureza de normas materialmente constitucionais dos tratados internacionais sobre direitos humanos, a jurisprudência consolidada do STF lhes reconhece *status* de supralegalidade, o que significa afirmar estarem em patamar de hierarquia superior à CLT;

---

(55) TRINDADE, Antônio Augusto Cançado. *Tratado de direito internacional dos direitos humanos*. 2. ed. Porto Alegre: Sérgio Antônio Fabris, 2003. V. I, p. 547-548.

(56) MIRANDA, Alessandro Santos de. *Ativismo judicial na promoção dos direitos sociais*. São Paulo: LTr, 2013. p. 98.

> d) em virtude de constituírem instrumentos consagradores de direitos sociais, as convenções da OIT correspondem a tratados de direitos humanos e, por conseguinte, possuem tal hierarquia normativa, além de conteúdo mais favorável;
>
> e) as Convenções ns. 148 e 155 determinam sejam levados em consideração os riscos para a saúde, decorrentes da exposição simultânea a diversas substâncias ou agentes, o que é representado, no Brasil, no caso em tela, pela compensação propiciada pela percepção dos adicionais de insalubridade e periculosidade;
>
> f) tais convenções derrogaram a regra prevista no art. 193, § 2º, da CLT e o item 16.2.1 da NR-16 da Portaria n. 3.214/78 do Ministério do Trabalho e Emprego, no que se refere à percepção de apenas um adicional, em caso de estar o empregado sujeito a condições insalubres e perigosas no trabalho executado.

Outra não é a conclusão de Carolina Plácido Corrêa Bastos em trabalho monográfico, no qual promove aprofundado estudo sobre o tema e conclui:

> Contudo, embora não haja um entendimento unívoco acerca da matéria, o STF já fixou entendimento de que, diferentemente dos tratados comuns, essas normas detêm um caráter especial de proteção ao ser humano. Estão inseridas nesse contexto as Convenções Internacionais do Trabalho n. 148 e n. 155, as quais, apesar de inseridas nesta celeuma, foram incorporadas ao direito nacional, cumprindo todas as formalidades exigíveis, quais sejam: ratificação, decreto legislativo e decreto presidencial.
>
> Outrossim, por se tratarem de tratados internacionais de direitos humanos, notadamente direitos sociais, não há dúvidas de que possuem *status* especial frente às demais normas ordinárias, como a Consolidação das Leis do Trabalho, mesmo que seu iter procedimental tenha ocorrido antes da Emenda Constitucional n. 45.
>
> Portanto, é de concluir que as Convenções Internacionais do Trabalho n. 148 e n. 155 são tratados internacionais de direitos humanos que vieram ampliar o espectro de proteção ao trabalhador no ordenamento jurídico interno, conferindo-lhe a possibilidade de cumular os adicionais de risco, tantos quantos forem os agentes nocivos presentes no ambiente de trabalho.
>
> Outra não deve ser a conclusão senão a de que a recepção dessas normas internacionais paralisou os efeitos das normas de direito interno em situação de incompatibilidade com o direito internacional, notadamente aquela insculpida no art. 193, § 2º da CLT, que veda a percepção cumulativa dos adicionais de risco.

> É de ressaltar ainda que, à luz do princípio da prevalência da norma mais favorável, as Convenções n. 148 e n. 155 da OIT, por melhor protegerem os direitos da pessoa humana, permitindo a percepção cumulativa dos adicionais, devem prevalecer sobre o preceito legal interno que expressamente veda esta cumulação.
>
> Acrescente-se que o artigo celetista, ao vedar a cumulação dos adicionais de insalubridade e periculosidade, por suprimir direito assegurado a todo trabalhador no art. 7º, inciso XXIII, da Constituição Federal, revela sua incompatibilidade com os princípios constitucionais de proteção à vida, à saúde e segurança do trabalhador e, sobretudo, com o princípio da dignidade da pessoa humana.
>
> O entendimento pela aplicação das disposições contidas nas Convenções Internacionais do Trabalho n. 148 e n. 155, portanto, celebra também a aplicação da norma mais favorável ao trabalhador e a afirmação da dignidade da pessoa humana.(57)

Registre-se, finalmente, que não se está desconhecendo a jurisprudência desta Casa em sentido diverso do que se sustenta na presente decisão, na medida em que não há precedentes na SDI que analisaram o tema a partir da natureza atribuída às convenções internacionais da OIT, em função do quanto decidido pelo STF.

Parte-se do pressuposto da presença do elemento de distinção que faz afastar a força dos precedentes anteriores e serve como mola propulsora da possibilidade de revisão da jurisprudência da Casa, mesmo porque com ela não conflita; ao contrário, apenas são luzes distintas que apontam em outra direção, em decorrência de alteração promovida nas normas jurídicas que embasam a postulação a indicar a existência de elementos de distinção capazes de afastar a incidência do precedente, denominados pela doutrina como *distinguishing*, em virtude de não haver coincidência entre os elementos fáticos principais discutidos e aqueles que serviram de base à *ratio decidendi* (tese jurídica) constante do precedente — o que não corresponde ao caso presente — ou, a despeito de existir uma aproximação entre eles, alguma peculiaridade no caso em julgamento afasta a aplicação do precedente, como assinala Fredie Didier Jr.(58)

> A peculiaridade reside exatamente na decisão do STF que elevou ao patamar de supralegalidade as convenções da OIT e o tema, sob essa ótica, não haver sido examinada, como assinalado.(...)".(59)

---

(57) BASTOS, Carolina Plácido Corrêa. *Da cumulação de adicionais de risco à saúde ocupacional*: uma análise feita à luz da Constituição Federal de 1988 e das normas internacionais. Monografia (Pós-graduação), Fundação Faculdade de Direito da Bahia, 2013. p. 1090.

(58) DIDIER JR., Fredie. *Curso de direito processual civil*. 6. ed. Salvador: JusPodivm, 2011. V. II. p. 386.

(59) TST. Processo n. RR-1072-72.2011.5.02.0384, julgado em 24.9.2014, Relator Ministro Cláudio Mascarenhas Brandão, da 7ª Turma, publicado no DEJT em 3.10.2014.

No caso do presente estudo, o objetivo do legislador, ao instituir o adicional de insalubridade e o adicional de periculosidade, foi o de indenizar o trabalhador, quando não for possível eliminar ou neutralizar os agentes insalubres ou por não ser possível eliminar os riscos aos quais se expõe o obreiro em virtude da prestação laboral, sendo de se salientar a imprevisibilidade do momento em que o infortúnio pode ocorrer, no caso de agentes perigosos.

O propósito principal da lei foi a redução máxima, ou seja, a eliminação do agente prejudicial. No caso de ser impossível tecnicamente, o empregador terá de, no mínimo, reduzir a intensidade do agente prejudicial para o limite das agressões toleráveis.[60]

Em matéria de segurança e medicina do trabalho, as normas legais devem ser interpretadas e apreciadas a favor de quem o legislador pretendeu proteger. Ou seja, tratando-se de normas integrantes do direito material do trabalho, deve ser aplicado o princípio interpretativo *in dubio, pro operario*[61], reconhecendo-se, pois, o direito ao recebimento dos adicionais cumulativamente, ou seja, a cumulação do adicional de insalubridade entre si, quando presentes dois ou mais agentes insalubres no mesmo ambiente de trabalho que afetem a saúde do obreiro, e a cumulação do adicional de insalubridade com o de periculosidade quando o trabalhador estiver exposto, simultaneamente, a agentes insalubres que lhe acarretem prejuízo à sua saúde e a agentes perigosos que coloquem em risco sua saúde e integridade física.

O que se visa, no pagamento dos adicionais, quer de insalubridade, quer de periculosidade, é fornecer uma compensação remuneratória para o trabalhador em razão da situação de risco — que é, por sua natureza, imponderável e imprevisível — a que está submetido por força do cumprimento de suas obrigações contratuais.

Ademais, vale esclarecer que o pagamento dos adicionais tem duas utilidades: de um lado, aumentaria o salário dos trabalhadores e, de outro constituiria em ônus a mais ao empregador que, para evitá-lo, procuraria melhorar as condições do ambiente de trabalho[62].

Assim, como uma compensação econômico-financeira, pela situação de risco em que o obreiro trabalha, pela exposição simultânea a diversos agentes quer insalubres quer perigosos, é perfeitamente possível a cumulatividade dos adicionais, o que corroboraria, ainda mais, para que o empregador procure proporcionar um ambiente de trabalho mais saudável.

---

(60) OLIVEIRA, Sebastião Geraldo de. *Op. cit.*, p. 118.

(61) A expressão *in dubio, pro operario* é utilizada por diversos doutrinadores, como regra de, no caso de haver várias interpretações possíveis quanto a uma norma, deve-se optar por aquela que mais favoreça ao empregado cf. nota 269.

(62) NOGUEIRA, Diogo Pupo. A insalubridade na empresa e o médico do trabalho. *Revista Brasileira de Saúde Ocupacional,* São Paulo, v. 12, n. 45, p. 42-46, jan./mar. 1984.

2. SEGURANÇA E MEDICINA DO TRABALHO

2.1. Evolução histórica do direito à saúde do trabalhador

2.1.1. No âmbito internacional

Em virtude dos avanços econômicos e tecnológicos, os mineiros e os metalúrgicos estiveram entre os primeiros grupos a merecer estudos sobre suas doenças ocupacionais.

Georg Agrícola[(63)], no ano de 1556, foi o primeiro autor a abordar a relação saúde/trabalho ao escrever um tratado sobre mineração, quando estudou diversos problemas ligados com a extração do ouro e da prata, relatando os padecimentos dos mineiros, inclusive os acidentes do trabalho e doenças mais comuns entre eles, discutindo a prevenção e indicando tratamento para as doenças das juntas, pulmões e olhos e, finalmente, as doenças fatais.[(64)]

A primeira monografia sobre o assunto foi publicada, na Alemanha, no ano de 1567, cujo autor foi Aureolus Theophrastus von Hohenheim, que era conhecido como Paracelso[(65)], que tratou da relação entre saúde e trabalho dos mineiros.

A monografia era constituída de três livros: o primeiro, sobre as doenças dos mineiros, principalmente, as do pulmão; o segundo, sobre as moléstias dos fundidores e metalúrgicos e o terceiro, das enfermidades causadas pelo mercúrio[(66)].

O marco da luta pela saúde do trabalhador ocorreu no ano de 1700, na cidade de Módena, na Itália, quando o médico Bernardino Ramazzini, considerado o pai da medicina do trabalho[(67)], lançou o livro *De Morbis Artificum Diatriba*, cuja tradução para o vernáculo é "As Doenças dos Trabalhadores".

---

(63) Georg Bauer Agrícola, nasceu em Glauchau, Saxónia, a 24.3.1494 e morreu a 21.11.1555 em Chemnitz. Disponível em: <http://www.softciencias.ccg.pt/softciencias/tp/scenes-p/biog/b0060.html>. Acesso em: 7 dez. 2000.

(64) ROSEN, George. *Uma história da saúde pública*. São Paulo: UNESP; Rio de Janeiro: Associação Brasileira de Pós-graduação em Saúde Coletiva, 1994 (Coleção Saúde em Debate; n. 74), p. 83-84.

(65) ROSEN, George. *Op. cit.*, p. 84. No mesmo sentido RAMAZZINI, Bernardino. *As doenças dos trabalhadores.* 3. ed. Tradução de Raimundo Estrela. São Paulo: FUNDACENTRO, 2000. p. 285.

(66) ROSEN, George. *Op. cit.*, p. 84.

(67) VENDRAME. Antonio Carlos. Insalubridade por agentes biológicos. *Revista Cipa*, São Paulo, ano XXI, n. 241, p. 41, dez. 1999.

A segunda edição ocorreu no ano de 1703, na Holanda, com o estudo de 54 grupos de trabalhadores, abrangendo mais de 60 profissões, relacionando as atividades, as doenças consequentes e as medidas de tratamento e prevenção. Há uma outra edição, considerada definitiva que foi impressa na Itália, em 1713, em que consta toda a higiene e medicina do trabalho cabíveis no século XVII.(68)

Nesse livro, há registros sobre uma ação judicial relativa às doenças que acometiam os mineiros e os químicos. Encontram-se, também, estudos a respeito das doenças dos gesseiros e caleiros, bem como, as que afetavam coveiros, farmacêuticos, notários e escribas, tecelões, entre outros.(69)

O livro de Ramazzini foi o texto fundamental da Medicina Preventiva até por volta do século XIX, quando sobreveio, efetivamente, a Revolução Industrial.(70)

Nesse período, não existia qualquer norma jurídica de proteção à saúde do trabalhador, mas foram as palavras de Ramazzini que estabeleceram os pilares para as construções doutrinárias e jurídicas que ocorreram, posteriormente, sobre o tema.(71)

A Revolução Industrial, que consistiu na transformação dos antigos métodos de produção artesanal para as novas técnicas de mecanização e especialização em linha de produção(72), veio alterar o cenário e criar novos e graves problemas pois, com o florescimento da produção em série, colocou, à mostra, a fragilidade do homem em competição desleal com a máquina, aumentando, assim, o número de doentes e mutilados, nos ambientes de trabalho.

O próprio obreiro era responsável por zelar pela sua defesa diante do ambiente de trabalho perigoso e agressivo, visto que a produção e o lucro do empregador estavam acima da saúde e segurança do trabalhador.

A revolução caracterizou-se basicamente pelo advento da máquina a vapor, com os artesãos perdendo o controle dos meios de produção, especialmente no setor de fiação e tecelagem.

Na fábrica, a hierarquia, a disciplina, a vigilância e outras formas de controle tornaram-se constrangedoras a tal ponto que os operários submeteram-se a um regime de trabalho ditado pelas normas dos mestres e contramestres, o que representou, em última instância, o domínio do capitalista sobre o processo do trabalho.(73)

---

(68) RAMAZZINI, Bernardino. *As doenças dos trabalhadores*. 3. ed. Tradução de Raimundo Estrela. São Paulo: FUNDACENTRO, 2000. p. 285.
(69) RAMAZZINI, Bernardino. *Op. cit.*, p. 27 e seguintes.
(70) ROSEN, George. *Op. cit.*, p. 85.
(71) OLIVEIRA, Sebastião Geraldo de. *Op. cit.*, p. 55.
(72) MARTINS FILHO, Ives Gandra. *Manual esquemático de direito e processo do trabalho*. 5. ed. São Paulo: Saraiva, 1997. p. 3.
(73) DE DECCA, Edgard Salvadori. *O nascimento das fábricas*. 5. ed. São Paulo: Brasiliense, 1982. p. 24.

Desta forma, o trabalho passou a ser realizado dentro das fábricas improvisadas (estábulos, galpões, velhos armazéns), utilizando-se de mão de obra formada principalmente por crianças e mulheres. O trabalhador passou a executar as ordens e cada operário fazia apenas uma parte, sob o controle dos gerentes.

A introdução da máquina a vapor do Sr. James Watt era tão importante para os ingleses que no ano de 1800, "estava em uso em 30 minas de carvão, 22 minas de cobre, 28 fundições, 17 cervejarias e 8 usinas de algodão".[(74)]

Desde a época da introdução da máquina a vapor, ocorreu uma extraordinária e dolorosa modificação das condições do trabalho manual, bem se pode dizer, que foi esmagado pela máquina a vapor.

O aparecimento da máquina a vapor foi o nascimento do sistema fabril em grande escala.

A situação dos trabalhadores era tão dramática que provocou indignação da opinião pública e ensejou numa intervenção estatal para interrompê-la.

Em 22 de junho de 1802, o Parlamento britânico aprovou a primeira Lei dos Trabalhadores, que recebeu o nome de *A Lei de Saúde e Moral dos Aprendizes*. Esta lei visa proteger os menores[(75)], estabelece o limite de 12 horas de trabalho por dia, proíbe o trabalho noturno, obriga os empregadores a lavar as paredes das fábricas duas vezes por ano, e torna obrigatória a ventilação destas.[(76)]

O fato considerado o marco da criação do serviço médico do trabalho em todo o mundo foi quando, no ano de 1830, Robert Dernham, proprietário de uma indústria têxtil, preocupado com as precárias condições de saúde de seus trabalhadores, procurou o médico inglês Robert Baker,[(77)] solicitando orientações e teve seguinte resposta[(78)]:

> Coloque no interior da sua fábrica o seu próprio médico, que servirá de intermediário entre você, os seus trabalhadores e o público. Deixe-o visitar a fábrica, sala por sala, sempre que existam pessoas trabalhando, de maneira que ele possa verificar o efeito do trabalho sobre as pessoas. E se ele verificar que qualquer dos trabalhadores está sofrendo a influência de causas que possam ser prevenidas, a ele competirá fazer

---

(74) HUBERMAN, Leo. *História da riqueza do homem*. 17. ed. Rio de Janeiro: Zahar, 1983. p. 183.

(75) MORAES FILHO, Evaristo de. *Tratado elementar de direito do trabalho*. Rio de Janeiro: Freitas Bastos, 1960. v. 1, p. 81.

(76) NOGUEIRA, Diogo Pupo. *Curso de medicina do trabalho*. São Paulo: FUNDACENTRO, 1979, v. 6, p. 7. In: OLIVEIRA, Sebastião Geraldo de. *Op. cit*., p. 56. No mesmo sentido: ROSEN, George. *Op. cit*., 167 e GRANIZO Leon Martin; ROTHVOSS, Mariano González. *Derecho social*: doctrina y legislación comparada del trabajo. 3. ed. Madrid: Reus, 1935. p. 24.

(77) Robert Baker foi considerado o primeiro inspetor médico de fábricas da Inglaterra.

(78) OLIVEIRA, Sebastião Geraldo de. *Op. cit*., p. 56-57.

tal prevenção. Dessa forma você poderá dizer meu médico é a minha defesa, pois a ele dei toda a minha autoridade no que diz respeito à proteção da saúde e das condições físicas dos meus operários; se algum deles vier a sofrer qualquer alteração da saúde, o médico unicamente é que deve ser responsabilizado.(79)

Em 1833, devido às condições de trabalho se encontrarem ainda precárias e após uma comissão parlamentar de inquérito de grande impacto, a qual teve seus trabalhos iniciados no ano de 1831, foi baixado na Inglaterra o *Factory Act, 1833*(80), que foi considerada a primeira legislação eficiente no campo da proteção ao trabalhador, porquanto se aplicava a todas as empresas têxteis onde se usasse força hidráulica ou a vapor; proibia o trabalho noturno aos menores de 18 anos e restringia as horas de trabalho destes a 12 por dia e 69 por semana; as fábricas precisavam ter escolas, que deveriam ser frequentadas por todos os trabalhadores menores de 13 anos; a idade mínima para o trabalho era de nove anos, e um médico devia atestar que o desenvolvimento físico da criança correspondia à sua idade cronológica.(81)

Em 1841, a França regulamentou suas condições de trabalho, proibindo o trabalho de menores de oito anos; fixando jornada de oito horas para os menores de doze anos e a jornada de doze horas para os menores de dezesseis anos.

---

(79) MENDES, René; DIAS, Elizabeth Costa. Da medicina do trabalho à saúde do trabalhador. *Revista de Saúde Pública*, São Paulo, v. 25, n. 5, p. 341, out. 1991.

(80) Extracts from The Factory Act of 1833. *This piece of legislation was the first effective Factory Act to be passed. Two pieces of factory legislation had been passed earlier: the 1802 Health and Morals of Apprentices Act and the 1819 Cotton Mills Act but neither of them had had much effect. ... no person under eighteen years of age shall [work] between half-past eight in the evening and half-past five in the morning, in any cotton, woolen, worsted, hemp, flax, tow, linen or silk mill... ... no person under eighteen years of age shall [work] between half-past eight in the evening and half-past five in the morning, in any cotton, woolen, worsted, hemp, flax, tow, linen or silk mill... ... no person under the age of eighteen shall be employed in any such mill ... more than twelve hours in ... one day, nor more than sixty-nine hours in ... one week... There shall be allowed ... not less than one and a half hours for meals. It shall not be lawful ... to employ in any factory ... as aforesaid, except in mills for the manufacture of silk, any child who shall not have completed his or her ninth year. It shall not be lawful for any person to employ ... in any factory ... as aforesaid for longer than forty-eight hours in one week, nor for longer than nine hours in one day, any child who shall not have completed his or her eleventh year... It shall be lawful for His Majesty to appoint four Inspectors of factories where ... children and young persons under eighteen years of age [are] employed, empowered to enter any ... mill, and any school ... belonging thereto, at all times ... by day or by night, when such ... factories are at work. The Inspectors shall have power to make such rules as may be necessary for the execution of this act, binding on all persons subject to the provisions of this act; and are authorized to enforce the attendance at school of children employed in factories according to the provisions of this act. Every child restricted to the performance of forty-eight hours of labour in any one week shall attend some school.* Statutes of the Realm, 3 & 4 William IV, c, 103. Disponível na internet: <http://ds.dial.pipex.com/mbloy/peel/facleg.htm/>. Acesso em: 9.12.2000.

(81) NOGUEIRA, Diogo Pupo. *Op. cit.*, p. 7.

Em 1843, surge a primeira legislação social da Itália, que proíbe o trabalho dos menores de nove anos; proíbe o trabalho noturno aos menores de doze anos e fixa a jornada máxima.(82)

Em 1851, foi realizada a primeira Conferência Internacional Sanitária, destinada a produzir uma Primeira Convenção Internacional Sanitária. Entretanto, somente em 1852, é que foi adotada essa Convenção.(83)

Em 1869, a Alemanha, preocupando-se com a segurança no trabalho, aprovou uma lei que estipulava a obrigação do empregador de fornecer os equipamentos necessários à proteção do empregado, contra os riscos de vida e de saúde.(84)

As primeiras leis, versando sobre segurança e saúde do trabalho, datam da década de 1870, e surgiram na Espanha, como é o caso da Lei sobre Trabalhos Infantis e Perigosos.(85)

Os fundamentos do Seguro Social foram lançados no ano de 1881, na Alemanha. Nesse período, começaram a surgir as primeiras leis de acidentes do trabalho. Inicialmente na própria Alemanha, no ano de 1884, estendendo-se a vários países da Europa nos anos seguintes.

A primeira conferência(86) de âmbito mundial sobre o trabalho ocorreu em Berlim, no ano de 1890 e recomendou a proibição do trabalho do menor e da mulher em ocupações insalubres ou perigosas. Foi criado, também, o Seguro Social.

No dia 15 de maio de 1891, a Encíclica do Papa Leão XIII, *"De Rerum Novarum"*, conclama os povos no sentido da Justiça Social, influenciando legisladores e estadistas para o avanço da proteção social.(87)

Em 1898, a França aprovou sua legislação sobre acidente do trabalho.(88)

Em 1902, foi criado o "Internacional Sanitary Bureau" e, a seguir, "Pan American Sanitary Organization", com sede em Washington (DC). Essa instituição foi a predecessora da Organização Pan-Americana de Saúde, que também constituiu o Escritório Regional da Organização Mundial da Saúde (OMS) para as Américas.(89)

---

(82) GRANIZO, Leon Martin; ROTHVOSS, Mariano González. *Derecho social*: doctrina y legislación comparada del trabajo. 3. ed. Madrid: Reus, 1935. p. 24-26.

(83) Esta convenção foi restrita ao cólera, doença que desde 1839 varria a Europa. FIGUEIREDO, Guilherme José Purvin de. *Direito ambiental e a saúde dos trabalhadores*. São Paulo: LTr, 2000. p. 99.

(84) SILVA, Walkure Lopes Ribeiro da. *O.I.T. e direito do trabalho no Brasil*. São Paulo, 1982. Dissertação (Mestrado em Direito), Universidade de São Paulo (USP). p. 140-141.

(85) FIGUEIREDO, Guilherme José Purvin de. *Op. cit.*, p. 146.

(86) O objetivo da primeira conferência era "adotar as primeiras medidas, no plano mundial, relativas à proteção ao trabalho". MANNRICH, Nelson. *Inspeção do trabalho*. São Paulo: LTr, 1991. p. 22.

(87) SANCTIS, Frei Antonio de. (Org.). *Encíclicas e documentos sociais; da "Rerum Novarum" à "octogésima adveniens". De Leão XIII, Pio XI, Pio XII, João XXIII, Concílio Vaticano II e Paulo VI.* São Paulo: LTr, 1971. p. 33.

(88) SILVA, Walkure Lopes Ribeiro da. *Op. cit.*, p. 140.

(89) FIGUEIREDO, Guilherme José Purvin de. *Op. cit.*, p. 99.

No entanto a primeira convenção[90] internacional sobre o trabalho foi adotada na Conferência de Berna, de 1906, que proibiu o uso do fósforo branco em determinadas indústrias.[91] Em 1907, foi criado o Escritório Internacional de Higiene Pública, estabelecido em Paris[92].

Em 1912, a Itália incluiu a inspeção do trabalho[93]. Em 1913, a Conferência de Berna propõe soluções para a proteção do trabalhador contra riscos profissionais.[94]

Em 1919, foi estabelecida a Liga das Nações, tendo, entre outras incumbências, a de discutir temas em âmbito internacional acerca de doenças.[95]

As manifestações dos operários e as reivindicações estabelecidas em diversos congressos de trabalhadores, durante a Primeira Grande Guerra, levaram a Conferência da Paz, de 1919, a criar a Organização Internacional do Trabalho (OIT)[96], por meio do Tratado de Versailles, com o propósito de dar às questões trabalhistas um tratamento uniformizado, com fundamento na justiça social[97], ou seja, uma organização permanente para a proteção e melhoria das condições de vida do trabalhador.[98]

O objetivo da Organização Internacional do Trabalho (OIT) era a de melhorar, com a colaboração internacional, as condições de vida e trabalho de toda a humanidade, independentemente da natureza jurídica do trabalho prestado[99], ou seja, instaurar no mundo uma ordem econômica e social conforme às normas da justiça e da humanidade e na qual os legítimos direitos dos trabalhadores sejam reconhecidos e respeitados[100].

---

(90) A primeira convenção tratou sobre o "emprego de fósforo branco na fabricação de palitos de fósforo". FIGUEIREDO, Guilherme José Purvin de. *Direito ambiental e a saúde dos trabalhadores.* São Paulo: LTr, 2000. p. 75.
(91) SÜSSEKIND, Arnaldo. *Direito constitucional do trabalho.* Rio de Janeiro: Renovar, 1999. p. 228.
(92) FIGUEIREDO, Guilherme José Purvin de. *Op. cit.*, p. 99.
(93) SILVA, Walkure Lopes Ribeiro da. *Op. cit.*, p. 143
(94) NASCIMENTO, Amauri Mascaro do. *Compêndio de direito do trabalho.* São Paulo: LTr, 1972. p. 600.
(95) FIGUEIREDO, Guilherme José Purvin de. *Op. cit.*, p. 100.
(96) *"A OIT é uma pessoa jurídica de direito público internacional, de caráter permanente, constituída de Estados, que assumem, soberanamente, a obrigação de observar as normas constitucionais da organização e das convenções que ratificam, integrando o sistema das Nações Unidas como uma de suas agências especializadas"*. SÜSSEKIND, Arnaldo. *Convenções da OIT.* São Paulo: LTr, 1994. p. 19.
(97) OLIVEIRA, Sebastião Geraldo de. *Proteção jurídica à saúde do trabalhador.* 2. ed. São Paulo: LTr, 1998. p. 58.
(98) OIT. *Inspeção do trabalho*: manual de educação do trabalhador. Tradução de Edilson Alkmim Cunha I. São Paulo: LTr, 1994. p. 18
(99) FIGUEIREDO, Guilherme José Purvin de. *Direito ambiental e a saúde dos trabalhadores.* São Paulo: LTr, 2000. p. 74.
(100) SANCTIS, Frei Antonio de. (Org.). *Encíclicas e documentos sociais;* da *"Rerum Novarum" à "octogésima adveniens". De Leão XIII, Pio XI, Pio XII, João XXIII, Concílio Vaticano II e Paulo VI.* São Paulo: LTr, 1971. p. 251.

Já no ano de 1919, foram adotadas seis convenções com propósito de proteção à saúde e integridade física dos trabalhadores, com limitação de jornada de trabalho na indústria (Convenção n. 1); desemprego (Convenção n. 2); proteção à maternidade (Convenção n. 3); trabalho noturno das mulheres (Convenção n. 4); idade mínima[(101)] para admissão ao trabalho nas indústrias (Convenção n. 5) e, trabalho noturno dos menores[(102)] (Convenção n. 6).

Em 1923, na quinta reunião da Conferência Internacional, foi instituída a Recomendação n. 20, relativa à Inspeção do Trabalho. Em 1926, foi admitida a Recomendação n. 28 (trabalhadores marítimos) e em 1937, a Recomendação n. 54 (trabalhadores na construção).[(103)]

Em 26 de junho de 1945, na cidade de São Francisco, nos Estados Unidos da América, foi assinada a Carta das Nações Unidas[(104)], que criou a Organização das Nações Unidas (ONU).[(105)]

Em 22 de julho de 1946, na cidade de Nova York, Estados Unidos da América, foi criada a Organização Mundial da Saúde (OMS).[(106)]

A Declaração Universal dos Direitos Humanos, proclamada em 1948[(107)], em seu artigo XXIII, estabeleceu que "toda pessoa que trabalha tem direito a uma remuneração justa e satisfatória", que lhe assegure "uma existência compatível com a dignidade humana" e, se necessário, deverão ser acrescentados "outros meios de proteção"[(108)]; dessa forma, a Declaração Universal de Direitos Humanos assegura diversos direitos trabalhistas e previdenciários aos trabalhadores, os quais são indisponíveis e irrevogáveis.[(109)]

---

(101) O art. 2º da Convenção n. 5, proíbe o trabalho, nas indústrias, para os menores de 14 anos.

(102) O art. 2º, item 1, da Convenção n. 6, proíbe o trabalho noturno aos menores de 18 anos.

(103) MANNRICH, Nelson, *Op. cit.* p. 23.

(104) No preâmbulo ficou explícito a decisão de "promover o progresso social e melhores condições de vida". GOUVEIA, Abel Murta de. *Direito internacional do trabalho*: instituições e normas de direito internacional público vigentes. Belo Horizonte: Del Rey, 1987. p. 93.

(105) OLIVEIRA, Sebastião Geraldo de. *Op. cit.*, p. 61.

(106) Nos princípios básicos de sua constituição, ficou assentado um novo conceito, estabelecendo que a "saúde é o completo bem-estar físico, mental e social, e não somente a ausência de afecções ou enfermidades", e que "o gozo do grau máximo de saúde que se pode alcançar é um dos direitos fundamentais de todo ser humano, sem distinção de raça, religião, ideologia política ou condição econômica ou social". *EL DERECHO a la salud en las Americas.* Washington: D. C. Organización Panamericana de la salud, 1989. p. 632. In: OLIVEIRA, Sebastião Geraldo de. *Op. cit.*, p. 61.

(107) A Declaração Universal dos Direitos Humanos foi proclamada pelas Nações Unidas e teve um papel extraordinário na história da humanidade. ALVES, José Augusto Lindgren. A declaração dos direitos humanos na pós-modernidade. Em BOUCAULT, Carlos Eduardo de Abreu; ARAÚJO, Nádia de (Org.). *Os direitos humanos e o direito internacional.* Rio de Janeiro: Renovar, 1999. p. 139-165.

(108) ONU. *Declaração Universal de Direitos Humanos*. 50 anos. Piracicaba: Unimep, 1998. p. 37.

(109) RUDIGER. Dorothee Susanne. *Tendências do direito do trabalho para o século XXI*: globalização, descentralização produtiva e novo contratualismo. São Paulo: LTr, 1999. p. 29-30.

Com a Declaração Universal dos Direitos Humanos, que tinha a ideia de justiça social, como garantia da paz mundial, "os direitos fundamentais, direitos civis e políticos e direitos econômicos e sociais deixam de ser direitos do cidadão para se tornarem direitos da humanidade"[110], ou seja, deixam de ser os direitos individuais clássicos e passam a incluir os direitos sociais a fim de assegurar efetivamente a liberdade e a igualdade.

Em 1950, o comitê misto OIT/OMS[111] aprovou uma resolução que seria a primeira definição sobre as funções da medicina do trabalho, qual seja, promover e manter o mais alto nível de bem-estar físico, mental e social do trabalhador em todas as profissões, prevenir todos os danos causados à saúde do obreiro pelas condições de seu trabalho; proteger o trabalhador contra os riscos resultantes da presença de agentes prejudiciais à saúde e, finalmente, adaptar o trabalho ao homem e cada homem a seu trabalho.

Em 1954, é publicado em Genebra o Código Internacional do Trabalho, pelo Bureau Internacional do Trabalho que, em seu Livro V, Capítulos 55 e 56, tratam especificamente do tema "*Higiene do trabalho, prevenção dos acidentes e bem-estar dos trabalhadores*".[112]

Em 1959, a Conferência Internacional do Trabalho, organizada pela Organização Internacional do Trabalho (OIT), adotou a Recomendação n. 112, que foi o primeiro instrumento internacional em que se definiam as funções, a organização e os meios de ação dos serviços de medicina do trabalho.

No dia 18 de outubro de 1961, foi publicada a Carta Social Europeia[113], na qual seus signatários comprometeram-se a promulgar regulamentos de higiene e segurança do trabalho. Essa carta teve importância fundamental no plano internacional e foi preparada no âmbito do Conselho da Europa e de outras organizações internacionais, tendo sido aprovada em Turim.[114] Proclama ela o direito de todos os trabalhadores a um ambiente de trabalho seguro e sadio e determina a ação que deve ser desenvolvida pelos Estados para assegurar o exercício efetivo desse direito.[115]

---

(110) RUDIGER, Dorothee Susanne. *Op. cit.*, p. 28.

(111) Organização Internacional do Trabalho e Organização Mundial da Saúde.

(112) FIGUEIREDO, Guilherme José Purvin de. *Direito ambiental e a saúde dos trabalhadores.* São Paulo: LTr, 2000. p. 106.

(113) O art. 3º, estabelece que: "ao assegurar o exercício efetivo do direito à segurança e higiene do trabalho, as partes contratantes se comprometem a: 1) fixar regulamentos de segurança e higiene; 2) ditar medidas de controle da aplicação desses regulamentos; 3) consultar, quando oportuno, as organizações de empregadores e trabalhadores sobre medidas tendentes a melhorar a segurança e higiene do trabalho". NASCIMENTO, Amauri Mascaro do. *Compêndio de direito do trabalho.* São Paulo: LTr, 1972. p. 600.

(114) FIGUEIREDO, Guilherme José Purvin de. *Op. cit.*, p. 106-107.

(115) D´EUFEMIA, Giuseppe. *Diritto Del lavoro.* Napoli: Morano, 1969. p. 234. In: FIGUEIREDO, Guilherme José Purvin de. *Op. cit.*, p. 107

Vale destacar que, no repertório da legislação comunitária em vigor na União Europeia, existem inúmeras recomendações e directivas que tratam sobre a segurança e proteção à saúde dos trabalhadores.[116] As condições sociais também são tratadas por meio de diretivas e de recomendações. As diretivas sobre a segurança no transporte marítimo, especialmente no transporte de mercadorias perigosas estão no item 07.30.30. Salienta-se que essas diretivas e as recomendações sobre a proteção da saúde e da segurança estão previstas no item 15.20.30.

No dia 20 de maio de 1970 foi promulgada, na Itália, a Lei n. 300 (*Statuto dei diritti dei lavoratori*), consagrando uma série de avanços na tutela da integridade física, da saúde, da liberdade sindical e do direito de informação do empregado.[117]

O art. 9º dessa Lei, conferiu aos trabalhadores, por intermédio de suas representações, o direito de controlar a aplicação das normas para a prevenção de acidentes do trabalho e das doenças profissionais, bem como de promover as pesquisas, a elaboração e a atuação das medidas que venham a ser capazes de proteger sua saúde e integridade física.[118]

No ano de 1985, a Organização Internacional do Trabalho (OIT) adotou a Convenção n. 161, tratando sobre "Serviços de saúde no Trabalho", passando a valorizar a qualidade geral de vida e a participação dos trabalhadores.

Em 18 de maio de 1990 foi ratificada no Brasil a Convenção n. 162, da OIT, versando sobre utilização do Amianto com Segurança.

O Decreto n. 2.657, de 3 de julho de 1998, aprovou na 77ª Reunião da Conferência Internacional do Trabalho (Genebra - 1990), promulgou a Convenção n. 170 da OIT, relativa à Segurança na Utilização de Produtos Químicos no Trabalho, assinada em Genebra, em 25 de junho de 1990.

2.1.2. Mercosul

O Mercosul[119] foi criado com o Tratado de Assunção[120] de 26 de março de 1991 e engloba quatro países: Brasil, Argentina, Paraguai e Uruguai.[121]

---

(116) As diretivas e recomendações sobre a segurança dos trabalhadores integram o repertório da legislação comunitária em vigor, sendo que, no item 5.20.20.10, trata da segurança dos trabalhadores; as condições sociais estão no item 7.30.40.20. As directivas e recomendações estão disponíveis na internet: <http://www.europa.eu.int/>. Acesso em: 9 dez. 2000.

(117) OLIVEIRA, Sebastião Geraldo de. *Op. cit.*, p. 103.

(118) FIGUEIREDO, Guilherme José Purvin de. *Op. cit.*, p. 161.

(119) Mercosul significa "*Mercado Comum do Sul*".

(120) Foi o tratado para a constituição de um mercado comum entre a República Argentina, a República Federativa do Brasil, a República do Paraguai e a República Oriental do Uruguai.

(121) PEIL, João Manoel de Sousa. A educação tecnológica nos países do Mercosul. In: CHIARELLI,

O Tratado de Assunção permite a adesão dos demais Países Membros da ALADI ao Mercosul. O Decreto n. 7.859/2012, publicado no dia 7.12.2012[(122)], promulgou o Protocolo de Adesão da República Bolivariana da Venezuela ao Mercosul. Assim, o bloco passou pela primeira ampliação desde sua criação, com o ingresso definitivo da Venezuela como Estado Parte. No mesmo ano, foi assinado o Protocolo de Adesão da Bolívia ao Mercosul que, uma vez ratificado pelos congressos dos Estados Partes, fará do país andino o sexto membro pleno do bloco.[(123)]

A proteção ao trabalhador é um ponto comum entre os Estados-Partes do Mercosul. Inexiste no Mercosul uma normativa comum em relação à proteção dos direitos sociais. Entretanto, todas as legislações convergem no sentido de tutelar a parte mais fraca da relação laboral. Referida harmonização legislativa decorre do fato de que os Estados-Partes do Mercosul integram a Organização Internacional do Trabalho e, consequentemente, ratificaram as principais convenções.

A proteção da saúde dos trabalhadores vem ampliando-se nos países industrializados, abrindo caminhos para futuras adesões dos países em desenvolvimento, tanto pelo progresso da legislação interna quanto pela ratificação das convenções adotadas pela Organização Internacional do Trabalho (OIT).[(124)]

Os países do Mercosul têm em comum a ratificação de doze convenções[(125)] da Organização Internacional do Trabalho (OIT).

Entre elas, podemos destacar a Convenção n. 81, que trata da inspeção do trabalho, estabelecendo que todo trabalhador tem direito a uma proteção adequada, referente às condições e ao meio ambiente de trabalho.

A Convenção n. 115 que trata sobre a proteção contra radiações ionizantes, aplicando-se a todas as atividades que impliquem à exposição dos trabalhadores a estas radiações no decorrer de seu trabalho e sublinham as medidas de prevenção, tanto médicas como técnicas.[(126)]

Carlos Alberto Gomes. (Org.). *Temas de Integração com enfoques no Mercosul.* São Paulo: LTr, 1997. p. 131-145.

(122) Disponível em: <http://www.planalto.gov.br/ccivil_03/_ato2011-2014/2012/decreto/d7859.htm>. Acesso em: 28 fev. 2015.

(123) Disponível em: <http://www.mercosul.gov.br/index.php/saiba-mais-sobre-o-mercosul>. Acesso em: 28 fev. 2015.

(124) OLIVEIRA, Sebastião Geraldo de. *Op. cit.*, p. 97

(125) As doze convenções ratificadas são: Convenção n. 11 — sobre o direito de associação (agricultura) 1921; Convenção n. 14 — sobre o descanso semanal remunerado (indústria) — 1921; Convenção n. 26 — sobre os métodos para fixação do salário mínimo — 1928; Convenção n. 29 — sobre trabalho forçado — 1930; Convenção n. 81 — sobre a inspeção do trabalho — 1947; Convenção n. 95 — sobre a proteção do salário — 1949; Convenção n. 98 — sobre o direito de sindicalização e de negociação coletiva — 1949; Convenção n. 100, sobre a igualdade de remuneração — 1951; Convenção n. 105 — sobre a abolição do trabalho forçado — 1957; Convenção n. 111 — sobre a discriminação (emprego e ocupação) — 1958; Convenção n. 115 — sobre a proteção contra radiações — 1960; Convenção n. 159 — sobre a readaptação profissional e o emprego (pessoas inválidas) — 1983.

(126) VALTICOS, Nicolas. *Derecho internacional Del trabajo.* Madrid: Tecnos, 1977. p. 340.

E, a Convenção n. 159, que versa sobre a readaptação profissional e de emprego ao alcance das pessoas portadoras de qualquer tipo de deficiência e a adequação do ambiente de trabalho, a fim de assegurar que essas pessoas possam desempenhar uma atividade produtiva.

Admitem, igualmente, os países integrantes do Mercosul, diversos outros aspectos, entre eles: o princípio da territorialidade da lei; o conceito de contrato de trabalho e trabalhador é o mesmo; o módulo semanal de trabalho na Argentina e Paraguai é de 48 horas; no Brasil, 44 horas e no Uruguai, 44 horas no comércio e 48 horas na indústria. A jornada máxima diária nos quatro países é de oito horas; acolhem o princípio da necessidade da ação de fiscalização do trabalho como forma de garantir o cumprimento das normas de proteção do trabalhador.[127]

Além disso, existe um interesse comum na formação de um Direito Ambiental do Trabalho Comunitário no Mercosul, devido à necessidade de se obter uma uniformização legislativa dos mecanismos jurídicos de proteção da saúde e da segurança dos trabalhadores, que passam a circular por entre os países associados cada vez com maior intensidade, na medida em que avança o processo de integração regional. [128]

Abordaremos, resumidamente, o direito à saúde do trabalhador em cada país do Mercosul: Argentina, Paraguai, Uruguai e Venezuela. Com relação ao Brasil será abordado mais amplamente, no item 2.1.3.

2.1.2.1. Argentina

A proteção à dignidade de condições de trabalho na Argentina está prevista no art. 14 bis[129], de sua Constituição, promulgada em 22 de agosto de 1994, que trata das condições de trabalho; da jornada laboral, da seguridade social, entre outros.

A inspeção do trabalho na Argentina teve sua origem na Lei n. 8.999, de 1912. Nessa oportunidade, foi criado o Departamento Nacional do Trabalho que incluía, entre suas divisões, a Inspeção e Vigilância, com a incumbência de velar pelo cumprimento das normas de proteção ao trabalho.

Não há na Argentina um Código laboral. Existe apenas um conjunto de normas que regulam as relações de trabalho e a seguridade social.

---

(127) BELTRAN, Ari Possidonio. *Os impactos da integração econômica no direito do trabalho.* São Paulo, 1998. Dissertação (Mestrado em Direito), Universidade de São Paulo (USP), p. 377-378.
(128) FIGUEIREDO, Guilherme José Purvin de. *Op. cit.*, p. 178.
(129) Os arts. 14 e 14 bis, da Constituição da Argentina, aqui mencionados encontram-se disponível na internet: <http://buscalegis.ccj.ufsc.br/arquivos/normas/Constituicao_Argentina.htm>. Acesso em: 13 jan. 2001.

Em 1915, foi instituída a Lei de Acidentes do Trabalho, modificada posteriormente em 1930 e 1932.(130)

Com o advento da Lei n. 11.544, promulgada em 12 de setembro de 1929, a jornada de trabalho nos locais insalubres que colocam em perigo a saúde do trabalhador ficou limitada a 6 horas por dia ou 36 horas por semana, conforme preceitua o art. 2º, da mencionada lei. Entretanto, referido artigo foi regulamentado pelo art. 8º, do Decreto n. 16.115, de 28 de janeiro de 1933. (131)

Em 1943, constituiu-se a Secretaria do Trabalho e Previdência, cujos órgãos passaram a ser Delegacias Regionais da Secretaria. Em 1944, foram criados os Tribunais de Trabalho.

Em 1947, foi criada, por meio do Decreto n. 12.333, a Direção Geral de Controle e Política Sanitária, que tinha por objetivo fiscalizar as normas relativas à higiene e segurança do trabalho.

Em 1949, a Lei n. 13.591 criou a Direção Nacional do Serviço de Emprego, delegando à Inspeção do Trabalho fiscalizar as leis do trabalho, em espetáculos artísticos. E, a Lei n. 14.226 autorizou a inspeção do trabalho doméstico.

A Lei n. 11.570 regulou toda a atividade de inspeção, determinando, entre outros dispositivos, a obrigatoriedade da lavratura do auto de infração em virtude de descumprimento de norma de proteção.(132)

A Lei n. 18.695 regulamenta os procedimentos para aplicação de sanções nas normas de ordenamento de regulamentação da prestação laboral.

A Lei n. 24.013, de 17 de dezembro de 1991, dispõe sobre a proteção do trabalho.

O Decreto n. 839, de 23 de julho de 1998, regulamenta a lei sobre riscos do trabalho.

A Lei n. 25.013, de 24 de setembro de 1998, estabelece um regime de reforma laboral sobre regulamentação do contrato de trabalho.

Há, ainda, o Decreto Nacional n. 484/2000(133), que regulamentou a jornada de trabalho.

---

(130) GRANIZO, Leon Martin; ROTHVOSS, Mariano González. *Derecho social*: doctrina y legislación comparada del trabajo. 3. ed. Madrid: Reus, 1935. p. 33.

(131) O art. 2º, da Lei n. 11.544/29 e o art. 8º, do Decreto n. 16.115/33 encontram-se na internet. Disponível em: <http://www.srt.gov.ar/normativa/FNOR.htm>. Acesso em: 13 jan. 2001.

(132) MANNRICH, Nelson, *Op. cit.*, p. 37-38.

(133) DECRETO N. 484/2000 — Jornada de Trabajo. Horas Extraordinarias. Límite máximo mensual y anual. Derogación de la Res. MT 436/74. Autorización administrativa: derogación del decreto n. 23.696/44 — BOLETIN OFICIAL: 20 de junio de 2000. Disponível em: <http://www.srt.gov.ar/normativa/FNOR.htm>. Acesso em: 17 jan. 2001.

Todavia, a proteção jurídica à saúde do trabalhador, na Argentina, é regulada por três diplomas legais.[134]

O primeiro deles é a Lei n. 20.744[135], regulamentada pelo Decreto n. 390/76, dispõe sobre o regime do contrato de trabalho. Essa lei, em seus arts. 176 e 191 veda o trabalho da mulher e do menor de 18 anos[136] em atividades de caráter penoso, perigoso ou insalubre, remetendo a regulamentação às indústrias compreendidas em tal proibição.

As regras relativas às condições insalubres são tratadas no art. 200, da lei mencionada acima e versa sobre a adequação ambiental do meio ambiente de trabalho; jornada em condições insalubres limitadas a 6 horas diárias ou 36 semanais; a insalubridade não será considerada existente sem declaração prévia da *autoridad de aplicación* e somente poderá ser declarada sem efeito pela mesma autoridade, no caso de serem eliminadas as condições insalubres; será fixa jornada reduzida para atividades penosas, entre outras.[137]

O segundo diploma é a Lei n. 19.587 [138], promulgada em 21 de abril de 1972, que cuida especificamente de higiene e segurança no trabalho. Essa lei foi regulamentada pelo Decreto Nacional n. 351, de 5 de fevereiro de 1979, que cuida praticamente de todos os temas envolvendo condições e meio ambiente de trabalho.[139]

Finalmente, a Lei n. 24.557[140], sancionada em 21 de outubro de 1995 e regulamentada pelos Decretos ns. 170, de 26 de fevereiro de 1996 e 334, de 8 de abril de 1996, que tratam sobre os riscos do trabalho (LRT), e tem por objetivos reduzir os acidentes de trabalho por meio da prevenção dos riscos oriundos do trabalho; reparar os danos; promover a requalificação e a recolocação dos trabalhadores acidentados, entre outros.

A Argentina criou, recentemente, normas para aumentar a fiscalização nas áreas agrícolas e de construção civil, onde é grande a mão de obra e alto o índice de acidentes de trabalho. Preocupa-se, ainda, com o trabalho da mulher, evitando

---

(134) FIGUEIREDO, Guilherme José Purvin de. *Op. cit.*, p. 186.

(135) Os artigos da Lei n. 20.744, aqui mencionados, encontram-se na internet. Disponível em: <http://www.srt.gov.ar/normativa/FNOR.htm>. Acesso em: 17 jan. 2001.

(136) O art. 189, da Lei n. 20.744, proíbe o trabalho de menores de 14 anos.

(137) FIGUEIREDO, Guilherme José Purvin de. *Op. cit.*, p. 187-188

(138) A íntegra da Lei n. 19.587 encontra-se na internet. Disponível em: <http://www.srt.gov.ar/normativa/FNOR.htm>. Acesso em: 13 jan. 2001.

(139) Os temas envolvidos são: "Prestações de medicina e de higiene e segurança no trabalho; serviços de medicina do trabalho; serviços de higiene e segurança no trabalho; condição de higiene nos ambientes de trabalho (carga térmica, poluição ambiental, radiações, ventilação, iluminação e cor; ruídos e vibrações); instalações elétricas entre outras; deveres do empregador e do empregado; administração do trabalho". FIGUEIREDO, Guilherme José Purvin de. *Op. cit.*, p. 189.

(140) Os arts. 1º a 5º da Lei n. 24.557/95, regulamentados pelos Decretos ns. 170/96 e 334/96 encontram-se na internet. Disponível em: <http://www.srt.gov.ar/normativa/FNOR.htm>. Acesso em: 13 jan. 2001.

que essas executem trabalhos prejudiciais à sua saúde e à saúde de seus filhos, bem como conta com a ajuda de uma comissão ministerial específica em relação ao trabalho infantil.[141]

A Argentina busca a efetividade das normas protetivas, tanto no que diz respeito à proteção aos direitos humanos, bem como a proteção ao trabalho, enquanto instrumento de dignidade da pessoa humana, ainda que do ponto de vista formal.[142]

2.1.2.2. Paraguai

A Constituição do Paraguai, promulgada em 20 de junho de 1992[143], trata em seu título II, dos direitos, deveres e garantias à vida, ao ambiente saudável e à proteção ambiental.

A Seção II do Capítulo I, em seu art. 7, versa sobre o direito a um ambiente saudável e o seu art. 8, sobre a proteção ambiental.

O Capítulo VI trata da saúde, sendo que o art. 68 trata, especificamente, do direito à saúde; o art. 69, sobre o sistema nacional de saúde e o art. 70 versa sobre o regime do bem-estar social.

O Capítulo VIII trata sobre o trabalho. A Seção I, nos arts. 86 a 100, versa sobre os direitos laborais.

O trabalho da mulher e o trabalho do menor estão previstos nos arts. 89 e 90 respectivamente.

A jornada de trabalho está estabelecida no art. 91 e o pagamento de um salário superior ao básico para os trabalhos insalubres ou perigosos está regulamentado no art. 92.

A seguridade social está prevista no art. 95. O art. 99, por sua vez, dispõe sobre o cumprimento das normas laborais e das normas de seguridade e higiene do trabalho.

Finalmente, o art. 100, garante o direito a uma vida digna.

A legislação sobre acidentes do trabalho, no Paraguai, data de 7 de setembro de 1927.[144]

---

(141) FIGUEIREDO, Guilherme José Purvin de. *Op. cit.*, p. 192.

(142) GOMES, Eduardo Biacchi; VAZ, Andréa Arruda. Direitos e garantias fundamentais do trabalhador e os Estados-Partes do Mercosul. *Revista de informação legislativa*, Brasília, ano 50, n. 197, p. 108, jan./mar. Disponível em: <http://www2.senado.leg.br/bdsf/bitstream/handle/id/496975/000991321.pdf?sequence=1>. Acesso em: 28 fev. 2015.

(143) O preâmbulo e os arts. 7 a 8; 68 a 72 e 86 a 100, da Constituição do Paraguai encontram-se na internet. Disponível em: <http://www2.paraguaygobierno.gov.py/>. Acesso em: 14 dez. 2000.

(144) GRANIZO, Leon Martin; ROTHVOSS, Mariano González. *Derecho social*: doctrina y legislación comparada del trabajo. 3. ed. Madrid: Reus, 1935. p. 60.

O Código de Trabalho do Paraguai, Lei n. 213/93, foi sancionado em 29 de outubro de 1993.

O título primeiro do Código de Trabalho do Paraguai versa sobre a duração máxima da jornada de trabalho e, especificamente, em seu art. 198, trata da jornada máxima de trabalho nos locais insalubres, limitando-a a seis horas por dia ou trinta e seis por semana[145].

O título quinto[146] trata sobre a seguridade, higiene e medicina do trabalho, nos arts. 272 a 282.

Resumidamente, temos que o art. 272 estabelece que o trabalhador tem direito a uma proteção eficaz em matéria de saúde, segurança e higiene do trabalho.

O art. 273 do mencionado código se refere à proteção à integridade física, funcional ou psicológica dos trabalhadores, bem como, seu art. 274 estabelece que o empregador deverá garantir a higiene, segurança e saúde dos trabalhadores na execução de sua atividade laboral, adotando medidas quantas forem necessárias, inclusive as atividades de informação, formação, prevenção de riscos e constituição da organização ou meios que sejam necessários.

As normas de segurança e saúde estão previstas no art. 275, do Código do Trabalho, que elenca as principais obrigações do empregador. Já o art. 276 estabelece o dever do empregador de facilitar a formação e informação prática em matéria de saúde, higiene e segurança do trabalho.

O art. 277 menciona os deveres e obrigações do trabalhador, quanto ao cumprimento das medidas legais e regulamentares de higiene, segurança e medicina laboral, enquanto o art. 278 trata das penalidades pelo não cumprimento das obrigações, quer pelo empregador, quer pelo trabalhador.

O art. 279 proíbe o consumo de bebidas alcoólicas nos locais de trabalho; o art. 280 trata da proibição do trabalhador de dormir no ambiente de trabalho, ressalvada a hipótese de alojamento.

O art. 281 trata do local de repouso dos trabalhadores e, finalmente, o art. 282 do Código de Trabalho do Paraguai trata das medidas a serem adotadas pela autoridade administrativa do trabalho.

O Código Sanitário do Paraguai foi editado através da Lei n. 836, de 15 de dezembro de 1980, e trata em seu Capítulo IV, arts. 86 a 89, sobre a saúde ocupacional e o meio ambiente de trabalho, estabelecendo os procedimentos a serem adotados para proteção do trabalhador, a fim de eliminar os riscos em todas as atividades.[147]

---

(145) O art. 198, do Código de Trabalho do Paraguay encontra-se na internet. Disponível em: <http://www2.paraguaygobierno.gov.py/ indicecodigolaboral.html>. Acesso em: 10 jan. 2001.

(146) O título quinto, do Código de Trabalho do Paraguai, encontra-se na internet. Disponível em: <http://www2.paraguaygobierno.gov.py/indicecodigolaboral.html>. Acesso em: 10 jan. 2001.

(147) Os arts. 86 a 89 do Código Sanitário do Paraguai encontram-se na internet. Disponível em: <http://www2.paraguaygobierno.gov.py/gacetaoficial/ley836codigosanitario.html>. Acesso em: 10 jan. 2001.

Vale ressaltar que a Constituição Federal de 1992 e o Código Laboral de 1993, do Paraguai, no conteúdo, são bastante semelhantes à legislação brasileira.(148)

Os preceitos constitucionais dividem-se basicamente em dois blocos: os direitos dos trabalhadores privados e os direitos do empregado no setor público.

Em linhas gerais, os princípios contidos na Constituição de 1992 são a proteção do trabalho princípio da irrenunciabilidade, o trabalho lícito e em condições dignas, a proibição de qualquer forma de discriminação, a igualdade salarial e, finalmente, o direito coletivo sindical, a liberdade sindical e a negociação coletiva que favorece a conciliação trabalhista.(149)

2.1.2.3. Uruguai

Inexiste no Uruguai um código do trabalho. Há algumas legislações trabalhistas e inúmeras convenções ratificadas.

Nesse país, prospera o sistema de negociação coletiva sobre o regramento legal. São asseguradas as garantias universais básicas do trabalhador.(150)

A Constituição(151) vigente no Uruguai trata sobre os direitos e garantias em seu art. 7º.

Os direitos do trabalhador estão previstos no art. 54 que estabelece sobre a remuneração, a jornada de trabalho, a higiene física e mental, entre outros.

Já o art. 56 versa sobre as condições do ambiente de trabalho, enquanto o art. 67 garante a seguridade social em casos de acidente, enfermidade, invalidez, entre outros.

Em 1914, foi editada uma lei de prevenção de acidentes do trabalho e, no ano seguinte, outra que introduziu a limitação à jornada de trabalho. Em 1920, é publicada uma lei regulamentando a responsabilidade por acidentes do trabalho.(152)

O Uruguai ratificou inúmeras convenções, sendo que, em 18 de março de 1954, foram ratificadas: a) Convenção n. 79, de 1946, versando sobre a limitação

---

(148) PAULA, José Alves de. Dados básicos comparados nas relações de trabalho no Mercosul. *REVISTA LTr*, São Paulo, ano 59, n. 9, p. 1.172, set. 1995. In: BELTRAN, Ari Possidonio. *Os impactos da integração econômica no direito do trabalho*. São Paulo, 1998. Tese (Doutorado em Direito). Universidade de São Paulo (USP), 1998. p. 375.

(149) MATTOS, Claudio Oliveira. A Constituição Paraguaia. In: SANTOS; Hermelino de Oliveira (Coord.). *Constitucionalização do direito do trabalho no Mercosul*. São Paulo: LTr, 1998. p. 128.

(150) BELTRAN, Ari Possidonio. *Os impactos da integração econômica no direito do trabalho*. São Paulo, 1998. Tese (Doutorado em Direito). Universidade de São Paulo (USP), 1998. p. 375.

(151) Os artigos da Constituição do Uruguai, aqui mencionados, encontram-se na internet. Disponível em: <http://www.espectador.com/factum/const97.html>. Acesso em: 13 jan. 2001.

(152) RIBEIRO, Gabriela Campos. A Constituição Uruguaiana. In: SANTOS, Hermelino de Oliveira (Org.). *Constitucionalização do direito do trabalho no Mercosul*. São Paulo: LTr, 1998. p. 147.

do trabalho noturno dos menores de 14 nas indústrias; b) Convenção n. 90, de 1948, também sobre o trabalho noturno de menores de 18 anos.

Em 22 de novembro de 1968, ratificou-se a Convenção n. 105, de 1957, sobre a abolição do trabalho forçado.

Em 28 de junho de 1973, foram confirmadas: a) Convenção n. 81, de 1947 e a Convenção n. 129, de 1969, que versam sobre a inspeção do trabalho; b) Convenção n. 121, de 1964, sobre acidentes do trabalho e doenças profissionais.

Em 22 de junho de 1977, as convenções aprovadas foram: a) Convenção n. 134, de 1970, sobre a prevenção de acidentes (gente do mar); b) Convenção n. 136 sobre o benzeno.

Em 22 de fevereiro de 1983, foi validada a Convenção n. 118, de 1962, relativa à igualdade de tratamento, em matéria, de seguridade social.

Em 5 de setembro de 1988, foi homologada a Convenção n. 148 da OIT, de 1977, sobre o meio ambiente de trabalho, com o propósito de prevenção e limitação dos riscos profissionais no local de trabalho, provenientes da contaminação do ar, do ruído e vibrações, adotando, para tanto, medidas técnicas adequadas.

Outra Convenção autorizada em 5 de setembro de 1988, foi a n. 155, de 1981, a qual estabelece as normas e princípios relativos à segurança e à saúde dos trabalhadores e o meio ambiente de trabalho. Nessa mesma data foi sancionada a Convenção n. 161, de 1985, que trata da segurança e saúde dos trabalhadores, focalizando, entretanto, a regulamentação nos Serviços de Saúde no Trabalho.

O Decreto n. 291/2007, que regulamenta a Convenção Internacional do Trabalho n. 155, estabelece disposições mínimas obrigatórias para a gestão da prevenção e proteção contra os riscos derivados ou que possam derivar de qualquer atividade, seja qual for a natureza comercial, industrial, rural ou de serviço da mesma e tenha ou não finalidade de lucro, tanto no âmbito público quanto privado. O referido decreto estabelece os princípios, direitos e obrigações que devem guiar a conduta dos empregadores, trabalhadores e a administração do trabalho. Os empregadores deverão garantir a saúde e segurança dos trabalhadores em todos os aspectos relacionados com o trabalho.[(153)]

Importante salientar que, em 3 de junho de 1988, foi aprovado no Uruguai, pelo Ministério do Trabalho e Seguridade Social e pelo Ministério da Saúde Pública, o Decreto n. 406/88[(154)], versando sobre a prevenção de acidentes do trabalho e regulamentando a segurança, higiene e saúde ocupacional de forma a adequar as mesmas às novas condições do mundo laboral, em todo tipo de estabelecimento (indústria, comércio e serviços públicos e privados).

---

(153) Disponível em: <http:www.ctma.com.uy/archivos/decreto-291-2007.doc>. Acesso em: 1º mar. 2015.

(154) O Decreto n. 406/88 encontra-se na internet. Disponível em: <http://www.mtss.gub.uy/>. Acesso em: 15 jan. 2001.

Em 6 de junho de 1993, foram ratificadas as seguintes convenções: a) Convenção n. 1, de 1919, que versa sobre as horas de trabalho nas indústrias; b) Convenção n. 19, de 1925, que trata sobre a igualdade de tratamento nos acidentes do trabalho; c) Convenção n. 30, de 1930, que refere-se à jornada de trabalho nas oficinas.

A segurança e higiene na construção, são regidas pelo Decreto n. 89/95, de 21 de fevereiro de 1995.(155)

Destaca-se também que o Decreto n. 406/88 para a Indústria, Comércio e Serviços; o Decreto n. 307/2009 sobre riscos químicos e o Decreto n. 321/2009 para o âmbito rural, também versam sobre as regras de proteção à saúde e à segurança do trabalhador nos ambientes de trabalho(156).

Em 6 de setembro de 1995, foram legitimadas ainda as seguintes convenções: a) Convenção n. 29, de 1930, também versando sobre o trabalho forçado e a Convenção n. 120, de 1964, que versa sobre higiene no comércio e indústria; c) Convenção n. 162, de 1986, sobre utilização de asbestos e condições de segurança; d) Convenção n. 172, de 1991, sobre as condições de trabalho nos hotéis e restaurantes.

Tendo o Uruguai ratificado as Convenções n. 148, 155 e 161 da Organização Internacional do Trabalho (OIT), nada deve aos demais países do Mercosul em termos de proteção jurídica à saúde e à qualidade do meio ambiente de trabalho.(157)

Os textos das normas sobre Saúde e Segurança no Trabalho encontram-se na página do Ministério do Trabalho e Seguridade Social, Inspeção Geral do Trabalho e Segurança Social (IGTSS): <http://www.mtss.gub.uy>.

2.1.2.4. Venezuela

Sobre o ordenamento jurídico venezuelano, sua Constituição foi promulgada em 1999, com preceitos e garantias fundamentais diz respeito ao ser humano e ao trabalhador, bem como garantias individuais e coletivas em face da promulgação da Lei Orgânica do Trabalho para os Trabalhadores e as Trabalhadoras.(158)

---

(155) O Decreto n. 89/95 encontra-se na internet. Disponível em: <http://www.mtss.gub.uy/>. Acesso em: 15 jan. 2001.

(156) Disponível em: <http://www.mte.gov.br/trab_estrang/cartilha_trabalho_mercosul_port.pdf>. Acesso em: 28 fev. 2015.

(157) FIGUEIREDO, Guilherme José Purvin de. *Op. cit.*, p. 199.

(158) GOMES, Eduardo Biacchi; VAZ, Andréa Arruda. Direitos e garantias fundamentais do trabalhador e os Estados-Partes do Mercosul. *Revista de informação legislativa*, Brasília, ano 50, n. 197, p. 105, jan./mar. Disponível em: <http://www2.senado.leg.br/bdsf/bitstream/handle/id/496975/000991321.pdf?sequence=1>. Acesso: 28 fev. 2015.

A legislação social e laboral da Venezuela tem seus fundamentos na Constituição Federal de 1999 e no novo código laboral, denominado de "LOTTT – *Ley Orgánica del Trabajo para los Trabajadores y las Trabajadoras*", publicada em 1º de maio de 2012.[159]

O texto constitucional da Venezuela apresenta como preceitos e garantias fundamentais a vida, liberdade, justiça, igualdade, solidariedade, democracia, responsabilidade social e, em geral, a preeminência dos direitos humanos, ética e do pluralismo político.[160]

Os artigos iniciais versam a respeito da dignidade da pessoa humana, liberdade, bem como ressaltam que a garantia de tais preceitos estão diretamente ligados a trabalho e educação, trazidos como processos fundamentais e garantidores das finalidades constitucionais.

O Título III da Constituição da Venezuela apresenta os direitos humanos e suas garantias, bem como eleva os tratados, pactos e convenções que versem a respeito de direitos humanos, ratificados pela República, que possuem hierarquia constitucional e prevalecem sobre a legislação interna, na medida em que forem mais favoráveis que esta.

O Capítulo V dessa Constituição apresenta os direitos sociais e a proteção à família, à criança, à saúde, à educação e ao trabalho.

Referido capítulo apresenta o trabalho como um direito e um dever do cidadão, bem como o trabalho digno como um dever do Estado para com seus cidadãos. A proteção ao trabalho, a liberdade do trabalhador, as normas de saúde e segurança, bem como o dever do Estado em assegurar trabalho digno, igualdade entre homens e mulheres, medidas para impedir a discriminação, bem como a liberdade sindical e o direito a greve.[161]

Em total consonância aos preceitos constitucionais, assim como com o objetivo, ainda que formal, de propiciar efetividade aos preceitos constitucionais, a República Bolivariana da Venezuela promulgou a nova lei orgânica laboral em 1º de maio de 2012, por meio do Decreto n. 8.938/2012[162], que revogou o texto legal que regulamentava a matéria, desde 1997.

A Venezuela vivencia um momento histórico marcado pela promulgação de uma nova legislação, que agora estabelece garantias e preceitos de ordem

---

(159) Disponível em: <http://www.lottt.gob.ve/>. Acesso em: 1º mar. 2015.

(160) VENEZUELA. Constituição Federal de 1999. *Diário Oficial*, n. 5.453, Caracas, 24 mar. 2000. Disponível em: <http://pt.scribd.com/doc/97025685/Constituicao-Bolivariana-de-1999>. Acesso em: 1º mar. 2015.

(161) VENEZUELA. Ley Orgánica Del Trabajo para los Trabajadores y las Trabajadoras (LOTT). *Gaceta Oficial de la Republica Bolivariana de Venezuela*, Caracas, v. 139, n. 6.076, 7 mayo 2012. Disponível em: <http://www.tsj.gov.ve/legislacion/LeyesOrganicas/46.-GOE_6076.pdf.>. Acesso em: 4 ago. 2012.

(162) Disponível em: <http://www.lottt.gob.ve/>. Acesso em: 1º mar. 2015.

fundamental de forma mais ampla, clara e conforme recomendações da ONU, OIT e demais organismos internacionais, diferentemente da lei anterior, promulgada em 18 de junho de 1997 por meio do Decreto n. 5.152.[163]

Do ponto de vista formal, a legislação laboral da Venezuela, no atual contexto, adequa-se aos parâmetros vigentes no âmbito da OIT, em especial quanto às convenções que asseguram garantias e preceitos fundamentais, relacionados a normas de proteção a direitos humanos.

2.1.3. No âmbito nacional (Brasil)

Em 1890, era garantida através do Decreto n. 1.162, a liberdade de trabalho. Em 17 de janeiro de 1891, com o Decreto n. 1.313[164], o Governo instituía, para a Capital da República, a fiscalização permanente de todos os estabelecimentos fabris onde trabalhassem menores em número avultado, estabelecendo a duração do trabalho em sete horas, prorrogáveis até nove, para os menores, e proibindo o trabalho noturno para os menores de 15 anos.[165]

No ano de 1904, foi apresentado o primeiro projeto de lei de acidentes do trabalho. Em 1908, foi exibido por Graccho Cardoso um novo estudo, regulando a indenização por acidentes de trabalho na indústria. No mesmo ano, o projeto de Wenceslau Escobar que regulava as indenizações por acidentes do trabalho, mas somente nas atividades industriais.

Em 1910, o Estado começa uma política de aberturas e, a partir de 1920, têm início os primeiros ensaios, em matéria de legislação trabalhista[166].

Vale salientar que nem o plano apresentado por Nicanor do Nascimento em 1911, nem o projeto de Código do Trabalho, de Maximiliano de Figueiredo, de 1915, preocuparam-se com a inspeção das normas de proteção ao trabalhador.

O Código Civil, aprovado em 1916, dedicava 22 artigos às questões de trabalho, com a denominação imprópria de "locação de serviços". Em 1917, Maurício de Lacerda apresentou um conjunto de propostas regulando a duração

---

(163) GOMES, Eduardo Biacchi; VAZ, Andréa Arruda. Direitos e garantias fundamentais do trabalhador e os Estados-Partes do Mercosul. *Revista de informação legislativa*, Brasília, ano 50, n. 197, p. 111, jan./mar. Disponível em: <http://www2.senado.leg.br/bdsf/bitstream/handle/id/496975/000991321.pdf?sequence=1>. Acesso em: 28 fev. 2015.

(164) Acredita-se que a primeira referência legal à inspeção do Trabalho, no Brasil, tenha sido feita pelo Decreto n. 1.313, de 17 de janeiro de 1891. MANNRICH, Nelson. *Op. cit.*, p. 41.

(165) SÜSSEKIND, Arnaldo; TEIXEIRA FILHO, João de Lima (Orgs.) *et al. Instituições de direito do trabalho.* 19. ed. São Paulo: LTr, 2000, v. I, p. 53.

(166) PINHEIRO, Paulo Sérgio; FAUSTO, Boris (Org.) *et al. O Brasil republicano*: história geral da civilização brasileira. São Paulo: Difel, 1977. V. III, p. 137. In: MANNRICH, Nelson, *Op. cit.*, p. 40.

da jornada do trabalho, criando o Departamento Nacional do Trabalho, instituindo Comissões de Conciliação e Conselhos de Arbitragem Obrigatória.[167]

Finalmente, em 1919, foi aprovado o Projeto n. 5, sobre acidentes do trabalho, originado em 1915 e proposto pelo Senador Adolfo Gordo, que resultou na Lei n. 3724, de 15 de janeiro de 1919, regulamentado pelo Decreto n. 13.499, de 12 de março do mesmo ano, e que vigorou até 1934, quando foi promulgado o Decreto n. 24.637.

No Brasil, com o fim da República Velha, foi criado por Getúlio Vargas, em 1930, o Ministério do Trabalho, Indústria e Comércio, bem como uma legislação farta sobre direitos e benefícios dos trabalhadores, no âmbito da saúde e segurança dos mesmos, tendo em vista que, com o surgimento de novos processos industriais e a modernização das máquinas, apareceram doenças decorrentes do trabalho.

A Revolução Constitucionalista de 1932 catalisou o processo de elaboração de uma nova Constituição que, promulgada em 1934, instituiu a democracia social e criou a Justiça do Trabalho, embora somente em 1941 tivesse efetivado sua instauração em todo território nacional.

A Constituição de 1934, promulgada no dia 16 de julho, repetiu os direitos da Carta anterior, assim como trouxe inúmeras inovações quanto à ordem econômica, à independência dos poderes e aos problemas morais[168]. Nesse ano, foi criada a inspetoria de Higiene e Segurança do Trabalho que, atualmente, é denominada Secretaria de Segurança e Saúde no Trabalho.

No ano de 1937, Getúlio Vargas, antes de terminar seu mandato presidencial, aplicou o golpe de 10 de novembro, criando o chamado Estado Novo. Nesse mesmo dia foi outorgada a Constituição Federal de 1937, que conferiu poderes ditatoriais ao presidente da república, ao mesmo tempo em que organizava a economia de produção em corporações representativas das forças de trabalho na nação.

O direito passou a determinar certas condições mínimas que deveriam ser observadas pelo empregador, até mesmo aplicando sanções e exercendo fiscalização sobre a execução de referidas regras pelas empresas. [169]

As ideias liberais foram restauradas com a vitória das democracias ocidentais, na Segunda Guerra Mundial, que teve desdobramento no Brasil, com a deposição de Getúlio Vargas e o término do Estado Novo.

---

(167) SÜSSEKIND, Arnaldo *et al. Op. cit.*, p. 55-56.

(168) A Constituição de 1934 instituiu Justiça do Trabalho, salário mínimo, limitação de lucros, nacionalização de empresas, direta intervenção do estado para normalizar, utilizar ou orientar as forças produtoras, organização sindical. SÜSSEKIND, Arnaldo *et al. Op. cit.*, p. 75.

(169) MARTINS, Sérgio Pinto. *Curso de direito do trabalho*. São Paulo: Dialética, 1998. p. 232.

O Decreto-Lei n. 2.162, de 1º de maio de 1940, foi o primeiro diploma legal a instituir a monetização do risco, estabelecendo o adicional de insalubridade em graus mínimo, médio ou máximo.

No ano de 1943, foi criada a Consolidação das Leis do Trabalho (CLT), por meio do Decreto-lei n. 5452, de 1º de maio de 1943, tratando sobre higiene e segurança do trabalho em seu Capítulo V, arts. 154 a 223.

O nosso direito trabalhista é representado por esse decreto-lei, e por uma série de outras leis trabalhistas, atos paralelos, ampliativos, interpretativos, complementares e regulamentares.

Diante disso, diversas leis, decretos, decretos-leis e portarias são criados e influenciam na higiene e segurança do trabalho.

O ordenamento jurídico brasileiro tem por base a Constituição Federal. A legislação ordinária que se lhe segue tem como seu diploma a Consolidação das Leis do Trabalho (CLT).

Foi a Constituição de 1946, promulgada em 18 de setembro, que ampliou as garantias e direitos dos trabalhadores, incluindo a higiene e segurança do trabalho, no art. 157, inciso VIII, que reza textualmente: "art. 157 — A legislação do trabalho e a previdência social obedecerão aos seguintes preceitos, além de outros que visem à melhoria da condição dos trabalhadores: (...) VIII — higiene e segurança do trabalho".

No mês de agosto de 1955, a Lei n. 2.573 instituiu o adicional de periculosidade para os trabalhadores que exercessem atividades em contato permanente com inflamáveis.

Devido ao golpe de estado de 1964, foi promulgada a Constituição Federal de 1967. Essa Constituição, em seu art. 158, inciso IX, tratou da higiene e segurança do trabalho.

O Decreto n. 229, de 28 de fevereiro de 1967, modificou os arts. 154 a 223 da Consolidação das Leis do Trabalho (CLT), ampliando o número de seções e incluindo vários tópicos novos.(170)

A Emenda Constitucional n. 1, de 17 de outubro de 1969, em seu inciso IX, do art. 165, reproduziu a mesma orientação da Carta Magna anterior.

Em 24 de maio de 1973, a Lei n. 5.880 estendeu o adicional de periculosidade aos trabalhadores com explosivos.

Os serviços médicos no Brasil passaram a ser obrigatórios a partir de 1976, por força da Portaria do Ministério do Trabalho n. 3.237/72, de acordo com o

---

(170) CESARINO JUNIOR, Antônio Ferreira. *Direito social brasileiro.* 6. ed. São Paulo: Saraiva, 1970. v. 2, p. 322-323.

grau de risco e quantidade de empregados. Atualmente, está prevista no art. 162, da Consolidação das Leis do Trabalho — CLT, regulamentado pela Norma Regulamentadora – NR-4, da Portaria n. 3.214/78.

Em 1977, a Lei n. 6.514, regulamentou o Capítulo V (arts. 154 a 201) da Consolidação das Leis do Trabalho (CLT), que trata da segurança e saúde dos trabalhadores. De acordo com essa lei, as convenções coletivas também podem estabelecer regras relativas à segurança e medicina do trabalho.

O nome dado à higiene e segurança do trabalho, com a edição da Lei n. 6.514, de 22 de dezembro de 1977, teve nova redação e passou a se utilizar a denominação "Segurança e Medicina do Trabalho", substituindo-se o termo anterior.

A utilização da palavra "higiene" apontava o enfoque feito apenas quanto à conservação da saúde do obreiro. O vocábulo medicina, por ser mais abrangente, engloba não só o aspecto saúde, mas a cura das doenças e a sua prevenção no trabalho.(171) O conceito de saúde é mais amplo, abrangendo o bem-estar físico, mental e social.(172)

A Assembleia Mundial de Saúde, ocorrida em maio de 1977, reforçou o conceito de saúde do trabalhador, com a fixação da meta "Saúde para todos no ano 2000", consistindo em alcançar para todos os cidadãos do mundo no ano 2000, um grau de saúde que lhes permitiria levar uma vida social e economicamente produtiva(173).

Em 1978, o Ministério do Trabalho por intermédio da Portaria n. 3.214, de 8 de junho de 1978, aprovou as Normas Regulamentadoras (NR) previstas no Capítulo V, do Título II, da Consolidação das Leis do Trabalho (CLT), relativas à segurança e medicina do trabalho.

Ao todo, temos 34 normas regulamentadoras (NR), aprovadas pela Portaria n. 3.214/78, relativas à segurança e medicina do trabalho.(174)

---

(171) MARTINS, Sérgio Pinto. *Curso de direito do trabalho*. São Paulo: Dialética, 1998. p. 233. 3. ed. São Paulo: Atlas, 2000. p. 199.

(172) OLIVEIRA, Sebastião Geraldo de. *Proteção jurídica à saúde do trabalhador*. 2. ed. São Paulo: LTr, 1998. p. 117.

(173) El derecho a la salud en las Americas. Washington: D.C. Organización Pan-Americana de la salud, 1989. p. 613.

(174) As normas regulamentadoras são: NR-1 — trata das disposições gerais; NR-2 — inspeção prévia; NR-3 — embargo ou interdição; NR-4 — serviços especializados em engenharia de segurança e em medicina do trabalho — SESMT; NR-5 — comissão interna de prevenção de acidentes — CIPA; NR-6 — equipamento de proteção individual — EPI; NR-7 — Programas de Controle Médico de Saúde Ocupacional (PCMSO); NR-8 — edificações; NR-9 — programa de prevenção de riscos ambientais; NR-10 — instalações e serviços em eletricidade; NR-11 — transporte, movimentação, armazenagem e manuseio de materiais; NR-12 — Segurança no Trabalho em máquinas e equipamentos; NR-13 — caldeiras e vasos de pressão e tubulações; NR-14 — fornos; NR-15 — atividades e operações insalubres; NR-16 — atividades e operações perigosas; NR-17 — ergonomia; NR-18 — condições e meio ambiente de trabalho na

É de se ressaltar, ainda, que temos as normas regulamentadoras rurais, que embora não sejam objeto deste estudo, são de suma importância.[175]

No ano de 1979, durante a realização da I e II Semanas de Saúde do Trabalhador, a Comissão Intersindical de Saúde do Trabalhador adotou como bandeira de luta o lema "Saúde não se troca por dinheiro".[176] Essa comissão foi transformada, em 1980, no Departamento Intersindical de Estudos e Pesquisas de Saúde e dos Ambientes do Trabalho (DIESAT), que promove estudos, pesquisas, seminários, debates e publicações relacionados com a saúde do trabalhador.[177]

No dia 20 de setembro de 1985, a Lei n. 7.369, ampliou o adicional de periculosidade aos empregados do setor de energia elétrica.

Com o fim do regime militar, que ocorreu em 1985, e com a eleição indireta de um presidente civil, resultou na elaboração de uma nova Carta Política com expansão das garantias outorgadas aos trabalhadores, surgindo assim a Constituição Federal de 1988.

Entretanto, vale salientar, antes, a realização da VIII Conferência Nacional de Saúde, ocorrida em Brasília no período de 17 a 21 de março de 1986, e a VIII Semana de Saúde do Trabalho, promovida em São Paulo, pelo departamento Intersindical de Estudos e Pesquisas de Saúde e dos Ambientes do Trabalho (DIESAT), que demonstram o despertar da consciência do movimento sindical mais organizado na conquista do direito à saúde do trabalhador.[178]

A Constituição Federal de 1988 foi o marco principal da introdução da etapa da saúde do trabalhador[179] no ordenamento jurídico nacional, tratando em seu

---

indústria da construção; NR-19 — explosivos; NR-20 — Segurança e saúde no trabalho com inflamáveis e combustíveis; NR-21 — trabalho a céu aberto; NR-22 — Segurança e Saúde Ocupacional na Mineração; NR-23 — proteção contra incêndios; NR-24 — condições sanitárias e de conforto nos locais de trabalho; NR-25 — resíduos industriais; NR-26 — sinalização de segurança; NR-27 — registro profissional do técnico de segurança do trabalho no Ministério do Trabalho e Previdência Social; NR-28 — fiscalização e penalidades; NR-29 — segurança e saúde no trabalho portuário. NR-30 — Segurança e Saúde no Trabalho Aquaviário; NR-31 — Segurança e Saúde no Trabalho na Agricultura, Pecuária Silvicultura, Exploração Florestal e Aquicultura; NR-32 — Segurança e Saúde no Trabalho em Serviços de Saúde; NR-33 — Segurança e Saúde no Trabalho em Espaço Confinado; NR-34 — Condições e Meio Ambiente de Trabalho na Indústria da Construção e Reparação Naval; NR-35 — Trabalho em altura; NR-36 — Segurança e Saúde no Trabalho em Empresas de Abate e Processamento de Carnes e Derivados.

(175) NRR-1 — trata das disposições gerais; NRR-2 — serviço especializado em prevenção de acidentes do trabalho rural — SEPATR; NRR-3 — comissão interna de prevenção de acidentes do trabalho rural — CIPATR; NRR-4 — equipamentos de proteção individual — EPI; NRR-5 — produtos químicos.

(176) REBOUÇAS, Antônio José de Arruda *et al*. *Insalubridade*: morte lenta no trabalho. São Paulo: Oboré, 1989. p. 11.

(177) OLIVEIRA, Sebastião Geraldo de. *Op. cit.*, p. 68-69.

(178) OLIVEIRA, Sebastião Geraldo de. *Op. cit.*, p. 69-70.

(179) "A saúde foi considerada como direito social, ficando garantido aos trabalhadores a redução dos riscos inerentes ao trabalho, por meio de normas de saúde, higiene e segurança". OLIVEIRA, Sebastião Geraldo de. *Op. cit.*, p. 70.

Capítulo II (Dos Direitos Sociais), art. 7º, inciso XXII, sobre a saúde, higiene e segurança dos trabalhadores.

Destacamos também os estudos realizados pelo Programa Internacional para o Melhoramento das Condições de Trabalho e do Meio Ambiente de Trabalho (PIACT)[(180)], resultaram na Convenção n. 155 da Organização Internacional do Trabalho (OIT)[(181)], que foi completada pela Recomendação n. 164, ambas do ano de 1981 e promulgada pelo Decreto n. 1254/94, e ampliou o conceito de ambiente de trabalho para fins de segurança e saúde dos trabalhadores.

PIACT tem vários objetivos, como: proteção contra os efeitos desfavoráveis de fatores físicos, químicos e biológicos no local de trabalho e no meio ambiente imediato; a prevenção da tensão mental resultante da duração excessiva do ritmo, do conteúdo ou da monotonia do trabalho; a promoção de melhores condições de trabalho, visando à distribuição adequada do tempo e do bem-estar dos trabalhadores e a adaptação das instalações e locais de trabalho à capacidade mental e física dos trabalhadores, mediante aplicação de ergonomia.[(182)]

A Convenção n. 155 da OIT, aprovada em 3 de junho de 1981, que foi resultado dos estudos realizados pelo Programa Internacional para Melhoramento das Condições de Trabalho e Meio Ambiente de Trabalho, em seu art. 3º, elucida o alcance do conceito de saúde, com relação ao trabalho, mencionando expressamente os elementos físicos e mentais que afetam a saúde do trabalhador, fazendo crer que este tem direito à redução de todos os riscos (físicos, químicos, biológicos, fisiológicos e psíquicos) que afetam sua saúde e segurança no ambiente de trabalho.

A Lei Orgânica da Saúde (n. 8.080/90) e as Leis Previdenciárias (n. 8.212/91 e n. 8.213/91) instituíram normas de amparo à saúde do trabalhador.

Devemos também considerar a Convenção n. 120 da OIT, que foi promulgada pelo Decreto n. 66.498/70 e trata da higiene no comércio e escritório; a OIT n. 148 que trata sobre a proteção dos trabalhadores contra os riscos profissionais devidos à contaminação do ar, ao ruído e às vibrações no local de trabalho. Importante, também, a OIT n. 161 que versa sobre serviços de saúde do trabalho, promulgada pelo Decreto n. 127/91, entre outras.

A segurança do trabalho rural tem sua regulamentação específica por meio da Lei n. 5.889, de 5 de junho de 1973, cujas Normas Regulamentadoras Rurais —

---

(180) O PIACT atua em seis campos técnicos: segurança, higiene e conteúdo do trabalho; condições de trabalho e escolha de tecnologia; ergonomia e relações entre o trabalho e o meio ambiente de vida. OIT. *Introducción a las condiciones y el medio ambiente de trabajo.* Ginebra: Oficina Internacional del Trabajo, 1987. p. 334. In: OLIVEIRA, Sebastião Geraldo de. *Op. cit.*, p. 67.

(181) OIT. Convenção n. 155, que trata da segurança e saúde dos trabalhadores e do meio ambiente de trabalho.

(182) SÜSSEKIND, Arnaldo. *Direito Constitucional do trabalho.* Rio de Janeiro: Renovar, 1999. p. 229/230.

NRR (1 a 5) — foram aprovadas pela Portaria n. 3.067, de 12 de abril de 1988. A NRR-5 aborda agentes químicos prejudiciais ao trabalhador rural, como agrotóxicos e afins, fertilizantes e corretivos.

A legislação vem atuando para garantir o ambiente de trabalho saudável, de modo a assegurar que o exercício do mesmo não prejudique outro direito humano fundamental: o direito à saúde, complemento inseparável do direito à vida. Desta forma, conclui-se que a manutenção do ambiente de trabalho saudável é direito do trabalhador e dever do empregador.(183)

2.2. *Conceito*

A segurança e medicina do trabalho são o segmento do Direito laboral responsável em proporcionar condições de proteção à saúde do trabalhador em seu local de prestação de serviço e da sua recuperação quando não se encontrar em condições de prestar serviços ao empregador.(184)

São fatores vitais na prevenção de acidentes e na defesa da saúde do empregado, evitando o sofrimento humano e o desperdício econômico lesivos às empresas e ao próprio país.(185)

A medicina e a segurança são duas atividades que estão intimamente relacionadas com o objetivo de garantir condições de trabalho capazes de manter um nível de saúde dos trabalhadores que, segundo a Organização Mundial da Saúde (OMS), é um estado de bem-estar físico, mental e social e não apenas a ausência de doenças e enfermidades.

A medicina do trabalho abrange o estudo das formas de proteção à saúde do trabalhador, enquanto no exercício do trabalho, principalmente com o intuito de prevenção das doenças profissionais e de melhoramento das capacidades laborais, referindo-se às suas condições físicas, mentais e ambientais(186), identificando os fatores que podem afetar o ambiente de trabalho e o trabalhador, visando eliminar ou reduzir os riscos profissionais que possam afetar a saúde, segurança e bem-estar do trabalhador.

A segurança visa à integridade física do trabalhador(187); quer eliminando as condições inseguras do ambiente, quer educando os trabalhadores a utilizarem

(183) OLIVEIRA, Sebastião Geraldo de. *Op. cit.*, p. 116.

(184) MARTINS, Sérgio Pinto. *Curso de direito do trabalho*. São Paulo: Dialética, 1998. p. 234.

(185) CARRION, Valentin. *Comentários à Consolidação das Leis do Trabalho*. 24. ed. São Paulo: Saraiva, 1999. p. 166.

(186) CESARINO JUNIOR, Antônio Ferreira. *Direito social brasileiro*. 6. ed. São Paulo: Saraiva, 1970. v. 2, p. 322.

(187) OLIVEIRA, Sebastião Geraldo de. *Proteção jurídica à saúde do trabalhador*. 2. ed. São Paulo: LTr, 1998. p. 117.

medidas preventivas. A higiene tem por finalidade o controle dos agentes do ambiente do trabalho para a manutenção da saúde no seu amplo sentido.(188)

O direito à segurança e à higiene no trabalho é ainda, em um sentido amplo, um direito humano, conforme estabelece o Pacto Internacional dos Direitos Econômicos, Sociais e Culturais das Nações Unidas, porque corresponde ao direito à vida e à integridade física das pessoas.(189)

Temos, assim, que a segurança e a medicina do trabalho são os meios de se proporcionar e respeitar a saúde, integridade física e bem-estar do trabalhador, permitindo-lhe melhores condições de exercício da profissão, com a redução dos riscos(190) que afetam ou poderão afetar sua saúde e integridade física no ambiente de trabalho.

2.3. *Obrigações. Regra geral*

2.3.1. Obrigações das empresas

As empresas têm por obrigação:

a) "cumprir e fazer cumprir as normas de segurança e medicina do trabalho"(191), fornecendo aos seus trabalhadores um ambiente de trabalho sadio (isento de agentes insalubres) e seguro (sem periculosidade); fornecer gratuitamente e tornar obrigatório o uso de equipamentos de proteção individual, enquanto se adota a proteção coletiva, remunerar os trabalhadores com o adicional correspondente enquanto persistirem, no ambiente de trabalho, agentes agressivos e nocivos à saúde ou à integridade física dos trabalhadores.

b) "instruir os empregados, por meio de ordens de serviço, quanto às precauções a tomar no sentido de evitar acidentes do trabalho ou doenças ocupacionais"(192), instituindo cursos, palestras orientativas e explicativas, manuais de esclarecimentos e informações sobre acidentes do trabalho e quais os cuidados necessários para evitá-los. Instruções escritas aos empregados, pertinentes à segurança e medicina do trabalho.

c) "adotar as medidas que lhes sejam determinadas pelo órgão regional competente"(193) tornando o ambiente de trabalho dentro dos limites de tolerância.

d) "facilitar o exercício da fiscalização pela autoridade competente"(194).

---

(188) OLIVEIRA, Sebastião Geraldo de. *Op. cit.*, 117.

(189) SÜSSEKIND, Arnaldo. *Direito constitucional do trabalho*. Rio de Janeiro: Renovar, 1999. p. 230.

(190) Por riscos entendemos: agentes físicos, químicos, biológicos, fisiológicos e psíquicos, que podem acontecer e acarretar perdas e danos.

(191) BRASIL. CLT, inciso I, do art. 157.

(192) BRASIL. CLT, inciso II, do art. 157.

(193) BRASIL. CLT, inciso III, do art. 157.

(194) BRASIL. CLT, inciso IV, do art. 157.

Além de a empresa adotar medidas de engenharia que conservem o ambiente de trabalho dentro dos limites de tolerância, a mesma é obrigada a fornecer gratuitamente aos seus empregados, os equipamentos de proteção individual, capazes de reduzir a intensidade do agente agressivo até os limites mencionados no art. 191 da Consolidação das Leis do Trabalho (CLT).[195]

Cabe às empresas, manter serviços especializados em segurança e medicina do trabalho caso mantenham em seus quadros trabalhadores regidos pela CLT. Esses serviços especializados estão previstos na Norma Regulamentadora NR-4, da Portaria n. 3.214/78.

O empregador é responsável pela observância dos deveres em matéria de segurança, higiene e medicina do trabalho que lhe são atribuídos e, para dar cumprimento a todas essas obrigações, o mesmo deve conhecer as leis, regulamentos, instruções, portarias e demais informações dos órgãos competentes.

2.3.2. Obrigações dos empregados[196]

Os empregados deverão cumprir as normas de segurança e medicina do trabalho, inclusive as instruções ou ordens de serviços quanto às cautelas no local de trabalho, de maneira a evitar acidentes ou doenças ocupacionais. Devem colaborar com o empregador na aplicação das referidas normas, para a sua própria segurança e bem-estar.

Considera-se falta grave (art. 482, alínea "h", da CLT) do empregado, quando este, por motivos injustificáveis, não observa as instruções expedidas pelo seu empregador, destarte, quando não utiliza os equipamentos de proteção individual que lhes são fornecidos pelo mesmo e quando desobedece às demais normas de segurança e medicina do trabalho.

Na forma estatuída no art. 158, da CLT, a não utilização dos equipamentos de proteção individual pelo obreiro considera-se prática de ato faltoso, ensejador de penalização.[197]

A falta grave do empregado dependerá da gravidade do ato praticado ou da sua reiteração, sendo admitida a aplicação de advertência ou suspensão, quando o ato não for considerado grave o bastante para rescindir o contrato de trabalho por justa causa.

---

(195) SÜSSEKIND, Arnaldo. *Op. cit.*, p. 236.

(196) BRASIL. CLT, art. 158 e incisos.

(197) TRT DA 2ª REGIÃO. Recurso ordinário n. 02920118735, relator Juiz José de Ribamar da Costa, 1º.3.94, publicado no DJ-SP em 10.3.94, p. 141.

2.3.3. Obrigações das Delegacias do Trabalho e Ministério do Trabalho

As Delegacias do Trabalho têm a obrigação de promover a fiscalização do cumprimento das normas de segurança e medicina do trabalho nas empresas, adotando as medidas necessárias, determinando obras e reparos que, em qualquer local de trabalho, sejam exigíveis e, assim sendo, impor penalidades pelo descumprimento de tais regras.

A fiscalização e inspeção do trabalho deverão ser feitas exclusivamente por engenheiros de segurança e médicos do trabalho.

A inspeção do trabalho é uma atividade do Estado, pela qual seus agentes, tornam efetivo o ordenamento jurídico trabalhista e previdenciário, velando pelo seu cumprimento, orientando os parceiros sociais e sancionando seus infratores, a fim de alcançar a melhoria da condição social dos trabalhadores[198].

A Norma Regulamentadora NR-28, da Portaria n. 3.214/78, trata da fiscalização e penalidades no âmbito da segurança e medicina do trabalho.

Cabe ao Ministério do Trabalho, entre outras atribuições, estabelecer essas disposições complementares à Portaria n. 3.214/78 e suas normas regulamentadoras.

(198) MANNRICH, Nelson. *Inspeção do trabalho.* São Paulo: LTr, 1991. p. 71-75.

3. ADICIONAL DE INSALUBRIDADE

3.1. Conceito

O vocábulo "insalubre" origina do latim e significa tudo aquilo que pode acarretar doenças, sendo que a insalubridade é a qualidade de insalubre.(199)

Adicional de insalubridade é o percentual pecuniário, estabelecido por lei, que se acrescenta ao salário do trabalhador como forma de compensá-lo pelo exercício da profissão em condições que acarretem danos à sua saúde, causados por agentes nocivos, presentes no ambiente de trabalho.

O trabalho insalubre é aquele que afeta ou causa danos à saúde, provoca moléstias, ou seja, é o trabalho não saudável, não favorável.(200)

Há insalubridade causadora do direito ao adicional de natureza salarial, quando o empregado suporta a agressão de agentes físicos ou químicos além dos níveis de tolerância determinados pelo Ministério do Trabalho, em virtude da natureza e da intensidade do agente e do tempo de exposição aos seus efeitos, ou, ainda, de agentes biológicos relacionados ao mesmo órgão.(201)

A área de insalubridade é aquela onde o agente opera com capacidade agressiva suficiente para ocasionar danos de forma crônica. A condição de insalubridade não depende unicamente da habilidade agressiva do agente, mas igualmente do tempo de exposição. Para cada habilidade agressiva existe um espaço de tempo, acima do qual o trabalho é avaliado como insalubre, ou seja, a quantidade absorvida é capaz de causar lesão ao longo do tempo. Superada determinada concentração, alguns agentes têm capacidade agressiva suficiente para tornar a condição insalubre, independente do tempo de exposição.(202)

O conceito legal de insalubridade está previsto no art. 189, da Consolidação das Leis do Trabalho (CLT), que, com a redação determinada pela Lei n. 6.514/77, ganhou um conceito mais abrangente, tecnicamente mais bem elaborado, e menciona que as atividades ou operações insalubres são aquelas que, por sua natureza, condições ou métodos de trabalho, exponham os trabalhadores a

---

(199) SALIBA, Tuffi Messias; CORRÊA, Márcia Angelim Chaves. *Insalubridade e periculosidade*. 4. ed. São Paulo: LTr, 1998. p. 13.

(200) OLIVEIRA, Sebastião Geraldo de. *Proteção jurídica à saúde do trabalhador*. 2. ed. São Paulo: LTr, 1998. p. 154.

(201) SÜSSEKIND, Arnaldo. *Direito constitucional do trabalho*. Rio de Janeiro: Renovar, 1999. p. 236.

(202) CARDELLA, Benedito. *Segurança no trabalho e prevenção de acidentes. Uma abordagem Holística*. São Paulo: Atlas, 1999. p. 220.

agentes nocivos à sua saúde, acima dos limites de tolerância, fixados em razão da natureza e da intensidade do agente e do tempo de exposição aos seus efeitos.

A insalubridade que gera o direito à percepção do adicional previsto na Lei (art. 189 e seguintes da CLT) é aquela insuscetível de ser neutralizada ou eliminada e é necessário que seja constatado se os agentes insalubres estão além dos limites permitidos para que seja configurada a insalubridade, o que mostra um aspecto quantitativo na determinação legal.

Para que seja caracterizada a insalubridade, é preciso que o trabalhador preste serviços em condições de trabalho com limites de tolerância superiores ao fixado na Norma Regulamentadora — NR-15.

Por limite de tolerância, se entende a concentração ou intensidade máxima ou mínima, relacionada com a natureza e o tempo de exposição ao agente, que não causará dano à saúde do obreiro durante sua vida laboral.

A insalubridade estará evidenciada, quando o empregado estiver exposto a agentes nocivos à sua saúde.(203)

A higiene do trabalho, no campo da saúde ocupacional, é uma ciência que aborda o reconhecimento, avaliação e controle dos agentes agressivos capazes de levar o empregado a adquirir doença ocupacional.(204)

Estes agentes insalubres são divididos em três blocos diferenciados: agentes físicos, químicos e biológicos.

Os riscos ambientais são compostos por esses agentes físicos, químicos e biológicos existentes nos ambientes de trabalho que, em função de sua natureza, concentração ou intensidade e tempo de exposição, são capazes de acarretar danos à saúde do trabalhador.

Os agentes físicos são representados pelo ambiente de trabalho: pressões anormais; temperaturas extremas; iluminação; vibração; radiação; ionização; ruído; calor; frio; umidade e radiações não ionizantes. De acordo com as características do local de trabalho, podem ocasionar danos à saúde do obreiro.

Já os agentes químicos podem ser encontrados nas formas gasosa, líquida e sólida; quando absorvidos pelo nosso organismo, por via respiratória, através da pele ou por ingestão, produzem na grande maioria dos casos, reações que são chamadas de venenosas ou tóxicas. Como exemplos: poeiras, fumo, neblinas, gases, névoas, vapores etc.

Os agentes biológicos são micro-organismos presentes no ambiente de trabalho como bactérias, fungos, vírus, protozoários, bacilos, parasitas, entre outros. São invisíveis ao olho nu, sendo visíveis apenas ao microscópio.(205)

---

(203) MARTINS, Sérgio Pinto. *Comentários à CLT*. 3. ed. São Paulo: Atlas, 2000. p. 218.
(204) SALIBA, Tuffi Messias; CORRÊA, Márcia Angelim Chaves. *Op. cit.*, p.13.
(205) MINISTÉRIO DO TRABALHO. Portaria n. 3.214 de 8 de junho de 1978, anexo 14, da NR-15.

Os limites de tolerância aos agentes agressivos, os meios de proteção e o tempo máximo de exposição do trabalhador a esses agentes são regulados pela Portaria n. 3.214/78 do Ministério do Trabalho(206).

Esclarecemos que as agressões, normalmente, são percebidas a longo prazo, já que o agente insalubre vai minando as resistências do organismo humano paulatinamente.

Por fim, compreendemos que o obreiro que trabalha em condições insalubres, exposto a agentes quer físicos, químicos ou biológicos, que afetam a sua saúde, tem direito ao recebimento do adicional de insalubridade, a fim de amenizar os eventuais danos sofridos.

3.2. *Embasamento legal*

O Decreto-lei n. 2.162/40(207) estipulou em seu art. 6º, os percentuais de 40%, 20% e 10%, se máximo, médio ou mínimo o grau de insalubridade.

O adicional era fixado pelo Ministério do Trabalho sob o critério da indústria. O direito era adquirido em virtude do enquadramento nas normas regulamentadoras(208).

A Consolidação das Leis do Trabalho (CLT), em sua redação original teve a remuneração do adicional de insalubridade prevista no art. 79: "Quando se tratar de fixação do salário mínimo dos trabalhadores ocupados em serviços insalubres poderão as Comissões de Salários Mínimos aumentá-lo até a metade do salário mínimo da região, zona ou subzona".

Com adaptações das regras vigentes, especialmente a Lei n. 6.514 de 22 de dezembro de 1977, a CLT passou a tratar do adicional de insalubridade no Título II, Capítulo V, Seção XIII.

Vale ressaltar que tanto a Consolidação das Leis do Trabalho (CLT) como a Lei n. 6.514/77 foram regulamentadas pela Portaria n. 3.214/78, do Ministério do Trabalho, por meio de suas normas regulamentadoras — NR-15, e seus anexos, que regularam as condições da segurança e medicina do trabalho.

---

(206) MINISTÉRIO DO TRABALHO. A Portaria n. 3.214 de 8 de junho de 1978 aprova as normas regulamentadoras relativas à Segurança e Medicina do Trabalho.

(207) BRASIL. Decreto-lei n. 2.162, de 1º de maio de 1940, art. 6º, estabelece que: "Para os trabalhadores ocupados em operações insalubres, conforme se trate dos graus máximo, médio ou mínimo, o acréscimo de remuneração, respeitada a proporcionalidade com o salário mínimo que vigorar para o trabalhador adulto local, será de 40%, 20% ou 10%, respectivamente." In: OLIVEIRA, Sebastião Geraldo de. *Op. cit.*, p. 155.

(208) As normas regulamentadoras são regras que disciplinam as medidas que devem ser adotadas pelos empregadores e cumpridas pelos trabalhadores, no que couber, visando a eliminação ou neutralização de eventuais riscos oriundos de trabalhos especiais (insalubres, perigosos entre outros).

Os anexos da Norma Regulamentadora — NR-15, têm os seguintes agentes:

n. 1, ruídos contínuo ou intermitente; n. 2, ruídos de impacto; n. 3, exposição ao calor; n. 4, revogado pela Portaria n. 3751/90; n. 5, radiações ionizantes; n. 6, trabalho sob condições hiperbáricas; n. 7, radiações não ionizantes; n. 8, vibrações; n. 9, frio; n. 10, umidade; n. 11, agentes químicos cuja insalubridade é caracterizada por limite de tolerância e inspeção no local de trabalho; n. 12, poeiras minerais; n. 13, agentes químicos; n. 14, agentes biológicos.

Encontra-se previsto, nos dias de hoje, o adicional de insalubridade nos arts. 189 e seguintes, da Consolidação das Leis do Trabalho (CLT), sendo que o art. 192 garante o direito ao recebimento do adicional de insalubridade.

No âmbito constitucional, o adicional de remuneração para os trabalhadores que laboram em atividades insalubres somente foi reconhecido no inciso XXIII, do art. 7º, da atual Constituição Federal, que prevê o adicional de remuneração para atividades insalubres, entre outras.

As constituições anteriores apenas proibiam o trabalho de mulheres e menores em indústrias insalubres. Não tratavam da remuneração das atividades insalubres.

O Brasil, como membro da OIT, já ratificou diversas convenções relacionadas com a segurança, a saúde e o meio ambiente do trabalho. Na realidade, a Organização Internacional do Trabalho (OIT) vem promovendo, na medida do possível, a uniformização internacional do Direito do Trabalho, de modo a propiciar uma evolução harmônica das normas de proteção ao trabalhador e alcançar a universalização da justiça social e do trabalho digno para todos.(209)

É oportuno mencionar que há diversas Convenções da Organização Internacional do Trabalho — OIT, ratificadas pelo Brasil que, tratando sobre o tema da proteção jurídica à saúde do trabalhador, entre elas, podemos citar:

OIT n.	Assunto	Situação jurídica
115	Convenção sobre a proteção contra as radiações ionizantes.	Em vigor no Brasil desde 5.9.67 — Decreto n. 62.151/68.
136	Convenção sobre proteção contra os riscos de intoxicação provocados pelo benzeno.	Em vigor no Brasil desde 24.3.94 — Decreto n. 1.253/94.
139	Convenção sobre a prevenção e controle de riscos profissionais causados pelas substâncias ou agentes cancerígenos.	Em vigor no Brasil desde 27.6.91 — Decreto n. 157/91.

(209) OLIVEIRA, Sebastião Geraldo. *Revista do Tribunal Regional do Trabalho* da 3ª Região, Belo Horizonte, v. 45, n. 75, p. 107-130, jan./jun. 2007.

OIT n.	Assunto	Situação jurídica
148	Convenção sobre a proteção dos trabalhadores contra os riscos devidos à contaminação do ar, ao ruído e às vibrações no local de trabalho.	Em vigor no Brasil desde 14.1.83 — Decreto n. 93.413/86.
155	Convenção sobre segurança e saúde dos trabalhadores e meio ambiente do trabalho.	Em vigor no Brasil desde 18.5.93 — Decreto n. 1.254/94.
161	Convenção relativa aos serviços de saúde do trabalho.	Em vigor no Brasil desde 18.5.91 — Decreto n. 127/91.

A Organização Internacional do Trabalho (OIT) tem por objetivos, entre outros, a elevação dos níveis de vida e a proteção adequada da vida e da saúde dos trabalhadores em todas as ocupações[210].

3.3. *Caracterização do adicional*

A participação do juiz na apuração do adicional de insalubridade surge com a Lei n. 5.431 de 3 de maio de 1968 que acrescentou o § 5º no então art. 209 da Consolidação das Leis do Trabalho (CLT), que passou a ter a seguinte redação:

> Para fins de instrução de processo judicial a caracterização e classificação de insalubridade serão feitas exclusivamente por médico-perito, preferencialmente especializado em saúde pública ou higiene industrial, designado pela autoridade judiciária, observadas as normas fixadas no presente artigo.

A partir da Lei n. 5.431/68, a prova da insalubridade passou a ser definida na demanda sob livre apreciação do juiz. A Lei n. 5.431/68 foi revogada pelo Decreto-lei n. 389 de 26 de dezembro de 1968[211].

Tanto a Lei como o Decreto-lei foram revogados pela Lei n. 6.514 de 22 de dezembro de 1977[212] que deixou a cargo do Ministério do Trabalho estabelecer as normas que deverão ser cumpridas, bem como, quando arguida a insalubridade em juízo, caberá ao juiz designar perito habilitado.

---

(210) OLIVEIRA, Sebastião Geraldo de. *Proteção jurídica à saúde do trabalhador*. São Paulo: LTr, 1998. p. 84.

(211) BRASIL. Decreto-lei n. 389, de 26 de dezembro de 1968, que dispunha sobre a verificação judicial de insalubridade e periculosidade e dava outras providências.

(212) BRASIL. Lei n. 6.514 de 22 de dezembro de 1977 que alterou o Capítulo V, do Título II, da Consolidação das Leis do Trabalho, relativo à segurança e medicina do trabalho e deu outras providências.

A caracterização e a classificação da insalubridade e da periculosidade serão feitas por meio de perícia a cargo do médico do trabalho ou engenheiro do trabalho, devidamente registrados no Ministério do Trabalho.[213]

A norma regulamentadora — NR-15, da Portaria n. 3.214/78, do Ministério do Trabalho, estabeleceu os critérios para a caracterização da insalubridade: a) avaliação quantitativa; b) qualitativa; c) qualitativa dos riscos inerentes à atividade.

As avaliações são mencionadas da seguinte forma[214]:

a) Avaliação quantitativa, em razão da intensidade do agente e do tempo de exposição aos seus efeitos.

Os Anexos 1, 2, 3, 5, 8, 11 e 12 definem os limites de tolerância para os agentes agressivos fixados em razão da natureza, da intensidade e do tempo de exposição. A caracterização é feita unicamente se o limite for ultrapassado.

b) Avaliação qualitativa, em função dos agentes biológicos ou químicos.

Os Anexos 7, 8, 9, 10 e 13 estabelecem que a insalubridade será comprovada pela inspeção realizada, por perito, no local de trabalho. Não fixa limite de tolerância para os agentes agressivos.

c) Avaliação qualitativa de riscos inerentes à atividade.

A Norma Regulamentadora — NR-15, no subitem 15.13, estabeleceu que serão insalubres as atividades mencionadas nos anexos 6, 13 e 14, quando não existir meios de se eliminar ou neutralizar a insalubridade, sendo esta inerente à atividade.

A prova pericial para apuração do adicional de insalubridade é imprescindível, devendo o juiz determiná-la de ofício, mesmo que não tenha requerimento das partes, inclusive em caso de revelia. A perícia é obrigatória por se tratar de prova técnica na qual deverão ser apurados o grau da insalubridade e os agentes causadores.

A simples constatação da insalubridade no recinto de trabalho pelo perito não basta para que o empregador seja obrigado a pagar o adicional respectivo. É necessário que a atividade esteja incluída entre aquelas classificadas como insalubre no quadro elaborado pelo Ministério do Trabalho.[215]

De acordo com o disposto no art. 190 da CLT, o Ministério do Trabalho é quem aprova o quadro das atividades e operações insalubres, e adota normas

---

(213) BRASIL. CLT, art. 195.

(214) SALIBA, Tuffi Messias; CORRÊA, Márcia Angelim Chaves. *Insalubridade e periculosidade.* 4. ed. São Paulo: LTr, 1998. p. 15-16.

(215) TST. Recurso de revista n. 130.777/94.4, relator Ministro Mendes de Freitas, 26.4.95, publicado no Diário da Justiça da União — DJU em 30.6.95, p. 20.699. No mesmo sentido: TST. Embargos em recurso de revista n. 41.147/91.1, relator Ministro Vantuil Abdala, 17.10.95, publicado no DJU em 24.11.95, p. 40.657; TST. Embargos em Recurso de Revista n. 1.213/88.7, relator Ministro Francisco Fausto Paula de Medeiros, 22.6.94, publicado no DJU em 27.10.94, p. 29.282; STF Súmula n. 460; TST. Orientação jurisprudencial da seção de dissídios individuais — SDI n. 4.

sobre os critérios de caracterização da insalubridade, os limites de tolerância aos agentes, meios de proteção e o tempo máximo de exposição do empregado a esses agentes.

Assim, se o elemento nocivo não estiver no quadro elaborado pelo Ministério do Trabalho, não será devido o adicional de insalubridade, bem como se houver uma reclassificação de um determinado agente, o mesmo deixar de ser considerado insalubre, o respectivo adicional de insalubridade deve deixar de ser pago, sem que se torne direito adquirido.

Em outras palavras, ainda que o laudo pericial, em vistoria ao local de trabalho, encontre agentes agressivos à saúde do trabalhador, o adicional de insalubridade só será devido quando a operação ou atividade desenvolvida estiver enquadrada pelo Ministério do Trabalho, dentro dos critérios por ele estabelecidos para sua caracterização, especialmente com relação aos limites de tolerância dos agentes agressivos, os meios de proteção e o tempo máximo de exposição do trabalhador a estes agentes. Somente serão consideradas insalubres as atividades ou operações que, por sua natureza, forem métodos ou condições de trabalho que exponham o empregado aos agentes nocivos à saúde acima dos limites de tolerância fixados em razão da natureza e da intensidade do agente, e do tempo à exposição aos seus efeitos (art. 189 da CLT).[(216)]

Quando não comprovado o trabalho em condições de riscos à saúde do obreiro é indevido o adicional de insalubridade.

A exposição eventual a agentes insalubres não caracteriza direito ao recebimento do adicional de insalubridade[(217)].

Já a atividade permanente em condições insalubres gera o direito ao recebimento do adicional de insalubridade.

Entretanto, mesmo que esse contato seja em caráter intermitente[(218)], não afasta, só por essa circunstância, o direito à percepção do respectivo adicional, conforme preceitua a Súmula n. 47[(219)] do Colendo Tribunal Superior do Trabalho (TST)[(220)], pois o trabalhador fica exposto a agentes insalutíferos. Desta forma, a exposição deve ser diária e contínua.

---

(216) STF. Súmula n. 460. "Para efeito do adicional de insalubridade, a perícia judicial, em reclamação trabalhista, não dispensa o enquadramento da atividade entre as insalubres, que é ato da competência do ministro do trabalho e previdência social".

(217) TST. Embargos em recurso de revista n. 017029203101113, Acórdão n. 02.940.448.277, relatora Anélia Li Chum, publicado no DJU em 1º.9.94, p. 172.

(218) É o contato com certa frequência, distinguindo-se do eventual pela característica da continuidade.

(219) TST. Súmula n. 47 — INSALUBRIDADE (mantida) — Res. 121/2003, DJ 19, 20 e 21.11.2003. O trabalho executado em condições insalubres, em caráter intermitente, não afasta, só por essa circunstância, o direito à percepção do respectivo adicional.

(220) TRT DA 15ª Região. Recurso ordinário n. 17.510/97, Acórdão n. 48.174/98, relator Luís Carlos Cândido Martins Sotero da Silva, julgado em 10.11.98, publicado no DOE em 26.1.99, p. 49.

3.4. *Efeitos pecuniários*

Os efeitos pecuniários da insalubridade serão devidos a partir da data da inclusão da respectiva atividade nos quadros aprovados pelo Ministério do Trabalho.[(221)]

Devem ser respeitados os prazos prescricionais, previstos no inciso XXIX, do art. 7º, da atual Constituição Federal, e o que dispõe o art. 11 da Consolidação das Leis do Trabalho (CLT).

A prescrição deve ser arguida pelo empregador, posto que o juiz não pode decretá-la de ofício, por se tratar de direitos patrimoniais. (art. 219, § 5º, do Código de Processo Civil — CPC).

Provando o trabalhador que sempre trabalhou nas condições insalubres encontradas pelo perito judicial, os efeitos pecuniários deverão retroagir até o período prescricional.[(222)]

A Súmula n. 248[(223)] do Tribunal Superior do Trabalho (TST), estabelece que: "A reclassificação ou a descaracterização da insalubridade, por ato da autoridade competente, repercute na satisfação do respectivo adicional, sem ofensa a direito adquirido ou ao princípio da irredutibilidade salarial."

3.5. *Origem. Histórico do percentual do adicional*

Os percentuais relativos à classificação do adicional estão previstos no art. 6º do Decreto-lei n. 2.142, de 1º de maio de 1940, que estabeleceu um adicional para compensar os trabalhadores ocupados em operações consideradas insalubres, conforme se trate dos graus máximos, médio ou mínimo, o acréscimo de remuneração, respeitada a proporcionalidade com o salário mínimo, o percentual de 40%, 20% e 10%, 7 respectivamente.

A Portaria n. 491, de 16.9.1965, classificou as atividades e operações insalubres, agrupando-as em 3 graus, para finalidade de incidência dos percentuais acima assinalados (grau máximo, médio e mínimo).

A Portaria do Ministério do Trabalho n. 3.214/78, em sua Norma Regulamentadora NR-15, regulamentou os percentuais de insalubridade que deverão incidir sobre o salário mínimo, observando-se os agentes encontrados no ambiente de trabalho do empregado, nos seguintes percentuais e grau:

---

(221) BRASIL. CLT, art. 196.

(222) TRT DA 15ª REGIÃO. Recurso ordinário n. 6.461/91, Acórdão n. 6.657/92, relator Antônio Mazzuca, julgado em 8.7.1992, publicado no DOE em 6.8.92, p. 170.

(223) ADICIONAL DE INSALUBRIDADE. DIREITO ADQUIRIDO (mantida) — Res. 121/2003, DJ 19, 20 e 21.11.2003.

a) 40% (quarenta por cento), para insalubridade de grau máximo;

b) 20% (vinte por cento) para insalubridade em grau médio;

c) 10% (dez por cento) para insalubridade em grau mínimo.

Além disso, referida portaria apresentou o quadro, com as atividades ou operações consideradas insalubres e o respectivo grau do adicional.

Anexo	Atividades ou operações que exponham o trabalhador a	Percentual
1	Níveis de ruído, contínuo ou intermitente, superior aos limites de tolerância fixados no quadro constante do anexo 1 e no item 6 do mesmo anexo.	20%
2	Níveis de ruído de impacto superiores aos limites de tolerância fixados nos itens 2 e 3 do anexo 2.	20%
3	Exposição ao calor com valores de IBUTG superiores aos limites de tolerância fixados nos quadros 1 e 2.	20%
4	*(Revogado pela Portaria MTE n. 3.751, de 23 de novembro de 1990)*	
5	Níveis de radiações ionizantes, com radioatividade superior aos limites fixados neste anexo.	40%
6	Ar comprimido.	40%
7	Radiações não ionizantes consideradas insalubres em decorrência de inspeção realizada no local de trabalho.	20%
8	Vibrações consideradas insalubres em decorrência de inspeção realizada no local de trabalho.	20%
9	Frio considerado insalubre em decorrência de inspeção realizada no local de trabalho.	20%
10	Umidade considerada insalubre em decorrência de inspeção realizada no local de trabalho.	20%
11	Agentes químicos cujas concentrações sejam superiores aos limites de tolerância fixados no quadro 1.	10%, 20% e 40%.
12	Poeiras minerais cujas concentrações sejam superiores aos limites de tolerância fixados neste anexo.	40%
13	Atividades ou operações envolvendo agentes químicos considerados insalubres em decorrência de inspeção realizada no local de trabalho.	10%, 20% e 40%.
14	Agentes biológicos.	20% e 40%

Na CLT está previsto, no art. 192, que o exercício de trabalho, em condições de insalubridade acima dos limites permitidos, gera percepção do respectivo adicional de 40%, 20% ou 10%, sobre o salário mínimo, segundo a classificação em máxima, média ou mínima, respectivamente.

A Constituição Federal não fala em percentual, mas garante o direito a um adicional de remuneração para os trabalhadores em atividades insalubres e outras.

3.6. Trabalho insalubre. Ruídos

Entre outros agentes insalubres, ressaltamos o trabalho insalubre, quando o obreiro fica exposto a ruídos excessivos além do permitido pela legislação.

Entendemos que o barulho industrial constitui-se, sem dúvida, um dos problemas mais importantes da saúde ocupacional, em especial, pela lesão permanente que causa.

O aumento da mecanização dos estabelecimentos, reunindo muitas máquinas e equipamentos em espaços reduzidos, vem elevando os níveis de ruído nas empresas.

Além da progressiva perda auditiva, o ruído pode causar vasoconstrição periférica, aumento da pressão sanguínea arterial e elevação da secreção gástrica, cuja tolerância é subjetiva e individual, mas qualquer que seja o nível de ruído que ocorra de forma concomitante a algumas atividades, sempre levará à fadiga, irritabilidade, ansiedade e *stress*, que predisporão o trabalhador a mais doenças, mais acidentes no trabalho e mais faltas.[224]

Em virtude da progressão lenta da perda auditiva, decorrente da exposição repetida, dia após dia, a um ruído excessivo, além do permitido pela legislação, o trabalhador pode ter sua audição afetada de uma forma irreparável, ocasionando-lhe prejuízos físicos e psíquicos, uma vez que fica limitado em seu contato social pelas dificuldades que tem de escutar e, consequentemente, de dialogar.

Outro prejuízo é que será muito difícil conseguir se empregar novamente, no caso de ser desligado da empresa, visto que, ao realizar exames audiométricos admissionais, será constatado que sua audição está prejudicada, impedindo-o, assim, muitas vezes, de se colocar novamente no mercado de trabalho, tendo em vista que a perda auditiva, induzida pelo ruído ocupacional, é irreversível.

Como mencionado, o ruído acima dos níveis estabelecidos como limite de tolerância pela legislação em vigor (Portaria n. 3.214/78, NR-15, Anexo 1), pode ocasionar uma ou mais alterações e até graves defeitos irreversíveis. Um dos mais facilmente demonstráveis é a interferência com a comunicação oral, causando um mascaramento da voz humana que pode atrapalhar a execução de trabalhos, ou dificultar a audição da voz de comando ou aviso, o que pode ser considerado um fator que aumenta a probabilidade de acidentes.

---

(224) KWITKO, Airton. O ruído e você. *Revista CIPA*, São Paulo, ano 14, n. 159, p. 18, fev. 1993. In: OLIVEIRA, Sebastião Geraldo de. *Proteção jurídica à saúde do trabalhador*. 2. ed. São Paulo: LTr, 1998. p. 158.

Em relação aos efeitos sobre o sistema auditivo, podem ser de três tipos:

a) O primeiro deles é uma mudança temporária do limiar de audição ou surdez temporária, que ocorre após a exposição do trabalhador a barulho intenso, mesmo por um curto espaço de tempo;

b) O segundo é a surdez permanente, que se origina da exposição repetida e contínua, durante longos períodos, a barulhos de intensidade excessiva. Esta perda é irreversível e progride com o passar do tempo;

c) E, por último, o trauma acústico, que é a perda auditiva repentina, após a exposição a barulhos intensos, ocasionados por explosões ou impactos sonoros semelhantes.

A exposição a ruídos pode provocar alterações em quase todos os aparelhos e órgãos que constituem o nosso organismo que por sua vez, podem ocasionar ações sobre o sistema cardiovascular, alterações endócrinas, desordens físicas e dificuldades mentais e emocionais, como irritabilidade, fadiga, entre outros[(225)].

Os limites de tolerância para exposição máxima diária estão previstos na Norma Regulamentadora — NR-15, Anexo n. 1.

Limites de tolerância para ruído contínuo ou intermitente:

Nível de ruído dB (A)	**Máxima exposição diária PERMISSÍVEL**
85	8 horas
86	7 horas
87	6 horas
88	5 horas
89	4 horas e 30 minutos
90	4 horas
91	3 horas e 30 minutos
92	3 horas
93	2 horas e 40 minutos
94	2 horas e 15 minutos
95	2 horas
96	1 hora e 45 minutos
98	1 hora e 15 minutos

(225) ALEXANDRY, Frederico Groenewold. *O problema do ruído industrial e seu controle*. São Paulo: FUNDACENTRO, 1985. p. 37.

Nível de ruído dB (A)	Máxima exposição diária PERMISSÍVEL
100	1 hora
102	45 minutos
104	35 minutos
105	30 minutos
106	25 minutos
108	20 minutos
110	15 minutos
112	10 minutos
114	8 minutos
115	7 minutos

Não é permitida exposição a níveis de ruído acima de 115 dB(A)[226] para indivíduos que não estejam adequadamente protegidos.

A Norma Regulamentadora — NR-15, explica que por ruído contínuo ou intermitente, para fins de aplicação de Limites de Tolerância, entende-se o ruído que não seja ruído de impacto. Esclarece, ainda, que os níveis de ruído contínuo ou intermitente devem ser medidos em decibéis (dB), com instrumento de nível de pressão sonora operando no circuito de compensação "A" e circuito de resposta lenta (*SLOW*). As leituras devem ser realizadas próximas ao ouvido do obreiro.

Devem os níveis, acima demonstrados, serem respeitados com o cuidado de não excedê-los, para se evitar risco grave e iminente.

Já os ruídos de impacto estão previstos no Anexo 2, da NR-15. Entende-se por ruído de impacto aquele que apresenta picos de energia acústica de duração inferior a 1 (um) segundo, a intervalos superiores a 1 (um) segundo.

Limites de tolerância para ruídos de impacto	
nível de pressão sonora dB*b	**n. de impactos permitidos por dia**
140	100
130	1.000
120	10.000

(226) As atividades ou operações que exponham os trabalhadores a níveis de ruído, contínuo ou intermitente, superiores a 115 dB(A), sem proteção adequada, oferecerão risco grave e iminente. (item 7, anexo 1, da NR-15)

Deverão os níveis de impacto ser avaliados em decibéis (dB), com medida de nível de pressão sonora operando no circuito linear e no circuito de resposta para impacto, devendo as leituras ocorrer próximas ao ouvido do trabalhador.

3.7. *Base de cálculo do adicional de insalubridade*

Há grande divergência quanto à base de cálculo do adicional de insalubridade.

Existem entendimentos que defendem que a base de cálculo do adicional de insalubridade é o salário mínimo. Porém, de outro lado há entendimentos que defendem que a base de cálculo é o salário-base do trabalhador.

A base de cálculo na vigência do Decreto-lei n. 2.351/87, conforme orientação jurisprudencial da seção de dissídios individuais do Tribunal Superior do Trabalho (TST) n. 3[227], era o piso nacional de salários.

A base de cálculo do adicional de insalubridade na redação anterior[228] e a redação original[229] da atual Súmula n. 228 do TST era o salário mínimo.

Assim, no Tribunal Superior do Trabalho, encontrava-se pacificado que a base de cálculo do adicional de insalubridade era o salário mínimo e que esta fixação não feria o disposto na Constituição Federal[230].

Todavia, houve mudança no entendimento do Tribunal Superior do Trabalho após a edição Súmula Vinculante n. 4 do Supremo Tribunal Federal. Com relação à base de cálculo do adicional de insalubridade é importante observar o atual posicionamento do TST.

Com base na Súmula Vinculante n. 4[231] do Supremo Tribunal Federal, o Tribunal Superior do Trabalho por meio da Resolução n. 148, de 26 de junho de 2008, alterou a redação da Súmula n. 228 estabelecendo que o adicional de

---

(227) Cancelada na sessão do Tribunal Pleno realizada em 26.6.2008 — Res. 148/2008, DJ 4 e 7.7.2008 — Republicada DJ 8, 9 e 10.7.2008

(228) Redação anterior — Res. 121/2003, DJ 19, 20 e 21.11.2003 — Súmula n. 228. Adicional de insalubridade. Base de cálculo. O percentual do adicional de insalubridade incide sobre o salário mínimo de que cogita o art. 76 da CLT, salvo as hipóteses previstas na Súmula n. 17.

(229) Redação original — Res. 14/1985, DJ 19.9.1985 e 24, 25 e 26.9.1985. Súmula n. 228. Adicional de Insalubridade. Base de cálculo. O percentual do adicional de insalubridade incide sobre o salário mínimo de que cogita o art. 76 da Consolidação das Leis do Trabalho.

(230) TST. Embargos em recurso de revista n. 329.607/96, relator José Luiz Vasconcellos, julgado em 3.4.2000, publicado no DJU em 9.6.2000, p. 234. No mesmo sentido: TST. Embargos em recurso de revista n. 289.371/96, relatora Anelia Li Chum, julgado em 24.4.2000, publicado no DJU em 19.5.2000, p. 180.

(231) Súmula Vinculante n. 4 — Salvo nos casos previstos na constituição, o salário mínimo não pode ser usado como indexador de base de cálculo de vantagem de servidor público ou de empregado, nem ser substituído por decisão judicial.

insalubridade deveria ser calculado sobre o salário básico do trabalhador, salvo critério mais vantajoso fixado em instrumento coletivo.

SÚMULA N. 228 TST – "ADICIONAL DE INSALUBRIDADE. BASE DE CÁLCULO: A partir de 9 de maio de 2008, data da publicação da Súmula Vinculante n. 4 do Supremo Tribunal Federal, o adicional de insalubridade será calculado sobre o salário básico, salvo critério mais vantajoso fixado em instrumento coletivo."

Entretanto, a eficácia dessa nova redação encontra-se suspensa por decisão liminar do Supremo Tribunal Federal deduzido na Reclamação 6266-DF.

No julgamento de pedido liminar pleiteado na Reclamação 6266-DF, o então Presidente Ministro Gilmar Mendes determinou a suspensão da aplicação da Súmula n. 228 do Tribunal Superior do Trabalho, na parte em que permite a utilização do salário básico para calcular o adicional de insalubridade, suspendendo, assim, a eficácia da nova redação da Súmula n. 228 do TST.

A síntese da decisão em liminar proferida pelo Ministro Gilmar Mendes foi a seguinte:

> "[...] com base no que ficou decidido no RE 565.714/SP e fixado na Súmula Vinculante n. 4, este Tribunal entendeu que não é possível a substituição do salário mínimo, seja como base de cálculo, seja como indexador, antes da edição de lei ou celebração de convenção coletiva que regule o adicional de insalubridade. Logo, à primeira vista, a nova redação estabelecida para Súmula n. 228/TST revela aplicação indevida da Súmula Vinculante n. 4, porquanto permite a substituição do salário mínimo pelo salário básico no cálculo adicional de insalubridade sem base normativa".

Desta forma, através da Resolução n. 185/2012, o Tribunal Superior do Trabalho inseriu uma ressalva na redação da Súmula n. 228, registrando que sua eficácia está suspensa por decisão liminar do Supremo Tribunal Federal.

Súmula n. 228 do TST, em vigor:

"ADICIONAL DE INSALUBRIDADE. BASE DE CÁLCULO (redação alterada na sessão do Tribunal Pleno em 26.6.2008) – Res. 148/2008, DJ 04 e 7.7.2008 – Republicada DJ 8, 9 e 10.7.2008. SÚMULA CUJA EFICÁCIA ESTÁ SUSPENSA POR DECISÃO LIMINAR DO SUPREMO TRIBUNAL FEDERAL – Res. 185/2012, DEJT divulgado em 25, 26 e 27.9.2012. A partir de 9 de maio de 2008, data da publicação da Súmula Vinculante n. 4 do Supremo Tribunal Federal, o adicional de insalubridade será calculado sobre o salário básico, salvo critério mais vantajoso fixado em instrumento coletivo".

Ainda, importante trazermos à baila recentes julgados do TST no sentido de que a base de cálculo do adicional de insalubridade é o salário mínimo.

Ementa: "RECURSO DE REVISTA PATRONAL. ADICIONAL DE INSALUBRIDADE. BASE DE CÁLCULO. FIXAÇÃO. SALÁRIO MÍNIMO. PREVALÊNCIA DOS TERMOS DA ORIENTAÇÃO EMANADA DA SÚMULA VINCULANTE N. 4, DO STF. PROVIMENTO. Para a adoção de parâmetros que possam servir como base de cálculo do adicional de insalubridade, deve prevalecer o entendimento da Súmula Vinculante n. 4, do STF, que declarou a impossibilidade de se utilizar o salário mínimo como indexador da base de cálculo do adicional de insalubridade de empregado, estabelecendo que lei federal deverá dispor sobre novo parâmetro. Entende-se, portanto, que a melhor leitura que se faz da questão é de que a fixação da base de cálculo do adicional de insalubridade a partir do salário mínimo, nos casos de empregado, não somente é possível como também é a única possibilidade a ser adotada, até que lei federal venha dispor sobre o assunto, conforme assentado no despacho proferido pelo Min. Gilmar Mendes, na Medida Cautelar em Reclamação Constitucional n. 6.266. Recurso de Revista patronal provido, no particular, para excluir da condenação o pagamento de diferenças sobre o adicional em questão."(232)

Ementa: "RECURSO DE EMBARGOS INTERPOSTO SOB A ÉGIDE DA LEI N. 11.496/2007. ADICIONAL DE INSALUBRIDADE. BASE DE CÁLCULO. SALÁRIO MÍNIMO. VIOLAÇÃO DE LEI — IMPOSSIBILIDADE. DIVERGÊNCIA JURISPRUDENCIAL E CONTRARIEDADE À SÚMULA N. 139/ TST. NÃO CONFIGURADAS. Além de impertinente a alegação de contrariedade à Súmula n. 139/TST, por tratar de matéria estranha à discussão dos autos, não se vislumbra a possibilidade de se constatar violação de dispositivo da Constituição Federal, ante a nova regra do art. 894, II, da CLT. Também inadmissível o conhecimento do recurso de embargos, sob a ótica de configuração de dissenso jurisprudencial, porquanto examina caso de empregado que recebe salário profissional por força de lei, hipótese expressamente afastada no acórdão recorrido. Verifica-se, ainda, que se trata de precedente publicado antes do cancelamento da Súmula n. 17(233) deste Tribunal. Incidência da Súmula n. 296, I, do TST. Ademais, a jurisprudência atual desta Subseção no tocante à base de cálculo do adicional de insalubridade leva em conta as decisões do Supremo Tribunal Federal a respeito da edição da Súmula Vinculante n. 4 e suspensão da nova redação da Súmula n. 228 desta Corte (Reclamação 6.266/DF). Nesse contexto, na ausência de lei dispondo sobre a base de cálculo do adicional de insalubridade e inexistindo norma coletiva fixando critério mais vantajoso, a parcela deverá ser calculada sobre o salário mínimo. Recurso de embargos não conhecido."(234)

Importante destacar que o adicional de insalubridade nada mais é que contraprestação pelo trabalho em condições insalubres.

Convém ressaltar que a própria Constituição Federal assegura a remuneração para as atividades penosas, insalubres ou perigosas, na forma da lei (art. 7º, inciso XXIII).

O art. 192 da Consolidação das Leis do Trabalho (CLT), por seu turno refere-se ao salário mínimo como base de cálculo.

Segundo o entendimento majoritário do Tribunal Regional do Trabalho da 15ª Região, não há que se cogitar, pois, de inconstitucionalidade ou incompatibilidade do dispositivo consolidado.(235)

---

(232) Processo: RR — 9500-45.2005.5.04.0401, Data de Julgamento: 30.3.2011, Relatora Ministra: Maria de Assis Calsing, 4ª Turma, Data de Publicação: DEJT 8.4.2011.

(233) "Súmula n. 17 — Adicional de insalubridade — Restaurado. O adicional de insalubridade devido a empregado que, por força de lei, convenção coletiva ou sentença normativa, percebe salário profissional será sobre este calculado". (cancelada na sessão do Tribunal Pleno realizada em 26.6.2008 — Res. 148/2008, DJ 4 e 7.7.2008 — Republicada DJ 8, 9 e 10.7.2008)

(234) TST. Processo: E-RR — 12200-78.2006.5.15.0101, fata de Julgamento: 9.12.2010, Relator Ministro: Augusto César Leite de Carvalho, Subseção I Especializada em Dissídios Individuais, data de Publicação: DEJT 17.12.2010

(235) TRT DA 15ª REGIÃO. Recurso ordinário n. 5.702/92, Acórdão n. 17.686/93, relator Lúcio César Pires, julgado em 4.11.1991, publicado no DOE em 24.1.94, p. 60. No mesmo sentido: TRT DA 15ª

A vedação prevista no art. 7º, inciso IV, da Constituição Federal, destina-se, tão somente, a inibir a utilização do salário mínimo em sentido diverso de sua original finalidade, qual seja, a fixação de uma retribuição mínima pelo trabalho subordinado. Todavia, isso não afasta a possibilidade de que seja utilizado o valor do salário mínimo como base de cálculo do adicional de insalubridade, conforme prevê o art. 192 da CLT.[(236)]

Sobre a base de cálculo do adicional de insalubridade destacamos que tramita na Câmara dos Deputados o Projeto de Lei n. 2.549/1992 que dispõe sobre o cálculo do adicional de insalubridade e o salário efetivamente pago ao trabalhador, dando nova redação ao art. 192 da CLT, senão vejamos:

> Projeto de Lei n. 2.549, de 1992 (Do Senado Federal) PLS n. 332/91.
>
> Dá nova redação ao art. 192 da Consolidação das Leis do Trabalho — CLT. (As Comissões de Trabalho, de Administração e Serviço Público; e de Constituição e Justiça e de Redação. (Art. 54) – Art. 24, II)
>
> O Congresso Nacional decreta:
>
> Art. 1º O art. 192 da Consolidação das Leis do Trabalho, aprovada pelo Decreto-Lei n. 5.452, de 1º de maio de 1943, passa a ter a seguinte redação:
>
> Art. 192. O exercício de trabalho em condições insalubres, acima dos limites da tolerância estabelecidos pelo Ministério do Trabalho, assegura a percepção de adicional respectivamente de quarenta por cento, vinte por cento e dez por cento sobre o salário efetivamente percebido pelo empregado, sem os acréscimos resultantes de gratificações, prêmios ou participações nos lucros da empresa, segundo se classifiquem nos graus máximo, médio e mínimo.
>
> Art. 2º Esta lei entra em vigor na data de sua publicação.
>
> Art. 3º Revogam-se as disposições em contrário.
>
> Senado Federal, 25 de fevereiro de 1992. — Senador Mauro Benevides, Presidente.[(237)]

O projeto de lei mencionado ainda não foi aprovado. E, apesar de todas as discussões sobre o tema como acima demonstramos e, muito embora a Súmula n. 228 do TST reconhecer o salário do trabalhador como base de cálculo do adicional de insalubridade, sua eficácia encontra-se suspensa por decisão liminar do Supremo Tribunal Federal.

REGIÃO. Recurso ordinário n. 6.008/87, Acórdão n. 1.813/88, relator Nelson Mesquita, publicado no DOE em 20.4.88 p. 90.

(236) TRT DA 15ª REGIÃO. Recurso ordinário n. 37.807/97-0, Acórdão n. 6.595/00, relatora Ana Paula Pellegrina Lockmann, publicado no DOE em 14.2.2000, p. 58. No mesmo sentido: TRT DA 15ª REGIÃO. Recurso ordinário n. 26258/97-2, Acórdão n. 18905/99, relator Samuel Hugo Lima, publicado no DOE em 1º.12.99, p. 61. STF. Agravo em recurso especial n. 227.899-8, relator Ministro Carlos Velloso, julgado em 14.12.98, publicado no DJ em 12.3.99, p. 327.

(237) BRASIL. Diário do Congresso Nacional. Seção 1, p. 76, de 21.3.1992. Disponível em <http://imagem.camara.gov.br/Imagem/d/pdf/DCD21MAR1992.pdf#page=76>. Acesso em: 2 mar. 2015.

Assim, ainda em vigor a base de cálculo do adicional de insalubridade sobre o salário mínimo.

3.8. *Integrações e reflexos*

O adicional de insalubridade, pago em caráter permanente, com habitualidade, integra a remuneração para todos os efeitos legais.(238)

Por remuneração devem ser entendidas também as férias vencidas e proporcionais, acrescidas do terço constitucional, 13º salário, aviso-prévio, FGTS, acrescido da multa de 40%, no caso de demissão sem justa causa.

Um exemplo de cálculo é de um trabalhador que, durante 2 anos, tenha trabalhado numa empresa em condições insalubres, com exposição a ruídos excessivos. Admitido no dia 1º de agosto de 1998, foi demitido, sem justa causa, com aviso-prévio indenizado, em 30 de julho de 2000.

Ajuizou reclamação trabalhista, respeitando o período de prescrição, garantido na atual Constituição Federal, pleiteando o pagamento do adicional de insalubridade sobre seu salário contratual, acrescido dos reflexos e integrações. A reclamatória foi contestada e foi determinada, pelo juiz, a realização de perícia, nomeando um perito engenheiro do trabalho.

Realizada a perícia, ficou constatado que o mesmo trabalhou em condições insalubres, em grau médio (20%), por exposição a ruídos excessivos, além do permitido pela legislação.

Com base no laudo pericial, a reclamação trabalhista foi julgada procedente e a empresa foi condenada ao pagamento do adicional de insalubridade sobre o salário contratual do obreiro, bem como na integração do referido adicional no cálculo das férias vencidas e proporcionais acrescidas de 1/3 férias, 13º salário, aviso-prévio, depósitos fundiários e multa de 40% e seus reflexos e integrações

3.9. *Eliminação ou neutralização do adicional*

A eliminação, neutralização ou diminuição da insalubridade e de seus efeitos sobre a pessoa humana é uma preocupação constante da medicina do trabalho, como o é da lei.(239)

---

(238) TST. Súmula n. 139 nova redação: "ADICIONAL DE INSALUBRIDADE (incorporada a Orientação Jurisprudencial n. 102 da SBDI-1) — Res. 129/2005, DJ 20, 22 e 25.4.2005. Enquanto percebido, o adicional de insalubridade integra a remuneração para todos os efeitos legais."

(239) CARRION, Valentin. *Comentários à Consolidação das Leis do Trabalho*. 24. ed. São Paulo: Saraiva, 1999. p. 191.

A eliminação ou a neutralização da insalubridade, segundo o art. 191, da Consolidação das Leis do Trabalho — CLT, ocorrerá:

a) com a adoção de medidas que conservem o ambiente de trabalho dentro dos limites de tolerância;

b) com a utilização de equipamento de proteção individual ao trabalhador, que diminua a intensidade do agente agressivo a limites de tolerância.

Segundo a Organização Internacional do Trabalho (OIT), há quatro meios principais de prevenção contra os agentes danosos, relacionados na ordem decrescente quanto à eficácia:

a) eliminação do risco;

b) eliminação da exposição do trabalhador ao risco;

c) isolamento do risco;

d) proteção do trabalhador.(240)

O controle da exposição aos riscos ocupacionais é realizado por meio de medidas relativas ao meio ambiente e ao homem. As medidas relativas ao ambiente compreendem aquelas destinadas a eliminar o problema em sua fonte e trajetória.

Com a adoção dessa medida, a comprovação de sua eficácia será tida com uma avaliação quantitativa, ou seja, verificando-se se os limites de tolerância estão dentro dos parâmetros permitidos.

Não sendo possível o controle no ambiente, deve-se utilizar o controle individual. Entre as medidas individuais que podem ser aplicadas, a lei prevê, depois de esgotados todos os meios conhecidos para a eliminação do risco, o uso do equipamento de proteção individual (EPI), estabelecendo-se que deverá ele diminuir ou neutralizar a intensidade do agente aos limites de tolerância permitidos.

O que se pretende é a neutralização ou eliminação da insalubridade com o fornecimento de equipamentos de proteção individual (EPI's).

Os equipamentos de proteção individual não anulam a causa, mas podem neutralizar ou até eliminar os efeitos da insalubridade.

Podemos dizer que a eliminação é uma redução *desejável* dos riscos, com a eliminação do agente agressivo. E a neutralização é uma redução *aceitável* dos riscos, limitando a ação do agente agressor a níveis toleráveis pela saúde humana.(241)

---

(240) OIT. *Introducción a las condiciones y el medio ambiente de trabajo*. Ginebra: Oficina Internacional del Trabajo, 1987. p. 59. In: OLIVEIRA, Sebastião Geraldo de. *Op. cit.*, p. 275.
(241) OLIVEIRA, Sebastião Geraldo de. *Op. cit.*, p. 117.

A eliminação da insalubridade pelo fornecimento de aparelhos protetores, aprovados pelo órgão competente do Poder Executivo, exclui a percepção do adicional respectivo[(242)], ou seja, se o uso dos equipamentos individuais de proteção neutralizar ou eliminar os agentes insalubres, cessa o respectivo adicional.

A neutralização ocorre quando referidos equipamentos trazem a insalubridade a níveis toleráveis, de acordo com a Norma Regulamentadora — NR-15 da Portaria n. 3.214/78. A anulação ocorre quando o equipamento suprime integralmente os agentes insalubres existentes no local de trabalho.

Porém, a Súmula n. 289[(243)] esclarece que o simples fornecimento do aparelho de proteção não exime o empregador do pagamento do adicional de insalubridade, cabendo-lhe tomar as medidas que conduzam à diminuição ou eliminação dos agentes nocivos, entre os quais as relativas ao fornecimento de equipamentos de proteção individual eficiente e o uso efetivo dos mesmos pelo trabalhador.

O fornecimento de equipamentos de proteção individual, ainda quando aprovados pelo Ministério do Trabalho e, mesmo que utilizados rotineiramente pelo trabalhador, não elide o direito ao recebimento do adicional de insalubridade se, no exame técnico do caso concreto, verificar-se sua insuficiência à adequada proteção da saúde do trabalhador.

O empregador, para se eximir do pagamento do adicional de insalubridade, não basta comprovar o fornecimento de equipamentos de proteção individual, através de fichas ou recibos de entregas. É necessário provar que estes eram utilizados pelo trabalhador, de forma correta e que foram eficazes, neutralizando ou eliminando o agente.

Se os equipamentos individuais de proteção não foram capazes de eliminar ou neutralizar o agente agressor à saúde do trabalhador, segundo os limites traçados pelo legislador, significa que não desempenharam efetivamente sua função, carecendo de eficácia, devendo ser considerados inúteis e reconhecido o direito do trabalhador no recebimento do adicional de insalubridade.

A insalubridade que gera o direito à percepção do adicional previsto na lei[(244)] é aquela insuscetível de ser neutralizada ou eliminada. Assim, se o empregador adota medidas de proteção no ambiente de trabalho, poderá neutralizar ou eliminar

---

(242) TST. Súmula n. 80. INSALUBRIDADE (mantida) — Res. 121/2003, DJ 19, 20 e 21.11.2003. A eliminação da insalubridade mediante fornecimento de aparelhos protetores aprovados pelo órgão competente do Poder Executivo exclui a percepção do respectivo adicional.

(243) TST. Súmula n. 289 — INSALUBRIDADE. ADICIONAL. FORNECIMENTO DO APARELHO DE PROTEÇÃO. EFEITO (mantida) — Res. 121/2003, DJ 19, 20 e 21.11.2003. O simples fornecimento do aparelho de proteção pelo empregador não o exime do pagamento do adicional de insalubridade. Cabe-lhe tomar as medidas que conduzam à diminuição ou eliminação da nocividade, entre as quais as relativas ao uso efetivo do equipamento pelo empregado.

(244) BRASIL. CLT, art. 189.

a atuação de agentes insalubres, de sorte que o obreiro não fará jus ao adicional. Se, porém, a despeito de medidas de proteção, a insalubridade não puder ser eliminada ou neutralizada, o trabalhador terá direito ao respectivo adicional.

Note-se que, muitas vezes, o ambiente de trabalho é insalubre, mas com o uso de equipamentos de proteção individual, a atuação dos agentes fica neutralizada. Se a situação ficar neutralizada, não gera o direito ao adicional. Acrescente-se que, eliminada ou neutralizada a insalubridade, poderá o empregador deixar de pagar o respectivo adicional, visto que, cessada a causa, cessará o efeito. Caso contrário, é devido o adicional de insalubridade.(245)

Se o empregador vinha pagando o adicional de insalubridade e o ambiente de trabalho deixa de ser insalubre, cessa o adicional devido. Se o grau de insalubridade era máximo e o aparelho de proteção o reduziu para médio ou mínimo, o adicional é reduzido.

O propósito principal da lei é a eliminação dos agentes nocivos prejudiciais à saúde do trabalhador. No caso de não ser possível tecnicamente essa eliminação, o empregador é obrigado a reduzir a intensidade do agente prejudicial, enquadrando-se dentro do território das agressões toleráveis e aceitas pelo Ministério do Trabalho.

---

(245) CUNHA, Maria Inês Moura S. A. da. *Direito do trabalho*. 2. ed. São Paulo: Saraiva, 1997. p. 171.

4. ADICIONAL DE PERICULOSIDADE

4.1. Conceito

São consideradas atividades ou operações perigosas aquelas que, por sua natureza ou métodos de trabalho, impliquem contato permanente[(246)] com inflamáveis ou explosivos em condições de risco acentuado.

O risco acentuado não é conceituado pela NR-16 da Portaria n. 3.214/78.

O conceito de risco é uma condição perigosa, potencial ou inerente, que pode causar a interrupção ou interferência do processo organizacional de uma atividade.

A área de risco é onde existe a presença de substância que poderá causar risco potencial à vida humana. Áreas nas quais poderá haver risco decorrente da liberação normal ou anormal de líquidos inflamáveis, vapores ou gases inflamáveis.

Portanto, risco é uma ou mais condições de uma variável, com o potencial necessário para causar danos. Esses danos podem ser entendidos como lesões a pessoas, estragos a equipamentos ou estruturas, perda de material em processo, ou redução de capacidade de desempenho de uma função predeterminada.

Há que se considerar que o risco é de consequências imprevisíveis, tendo em vista que o fato gerador pode, a qualquer momento, resultar em danos graves, irreparáveis ou fatais ao trabalhador.

Risco é perigo ou possibilidade de perigo.[(247)]

Os vocábulos risco e perigo são com frequência confundidos. Perigo é a propriedade de um agente físico, químico, mecânico, biológico ou ergonômico causar dano; risco é a probabilidade de que um dado perigo se materialize, causando um dano específico.[(248)]

---

(246) Contato permanente é "aquele que é diário, ainda que por poucos minutos, pois o empregado pode perder a vida numa fração de segundos ao trabalhar com inflamáveis, explosivos ou energia elétrica". MARTINS, Sérgio Pinto. *Comentários à CLT.* 3. ed. São Paulo: Atlas, 2000. p. 226.

(247) FERREIRA, Aurélio B. de Holanda. *Novo dicionário da língua portuguesa.* São Paulo: Nova Fronteira, 1986. p. 214.

(248) MARTINS NETO, Eugênio; LIONETTI JUNIOR, Mário A. Um enfoque objetivo para o mapeamento de riscos ambientais. *Revista CIPA,* São Paulo, ano 14, n. 166, p. 37, set. 1993.

Por fim, podemos dizer que risco acentuado é aquele com potencial de, ocorrendo um sinistro, incêndio ou explosão, desconsiderar incapacitação, invalidez permanente ou morte.

Assim, configurado o uso de substância inflamável e o ingresso e/ou trabalho do obreiro em área de risco, fica caracterizado o trabalho em condições de periculosidade.

Na periculosidade, existe a exposição do trabalhador a um risco que, eventualmente, poderá ocasionar grave sinistro.(249)

A exposição aos agentes insalubres pode acarretar à perda paulatina da saúde; o contato com os agentes periculosos pode levar à incapacidade ou morte súbita.(250)

O adicional de periculosidade também é entendido como a parcela destinada a compensar o trabalho prestado em condições de risco, oriundo do contato permanente com inflamáveis, explosivos ou energia elétrica.(251)

Área de periculosidade é o local onde o agente agressivo pode atuar com capacidade agressiva suficiente para causar danos agudos. É limitada por uma linha de fronteira, a partir da qual, o agente não tem capacidade agressiva suficiente para causar tais danos.(252)

4.1.1. Agentes perigosos, inflamáveis ou explosivos

Os agentes perigosos, inflamáveis e/ou explosivos estão relacionados na Norma Regulamentadora — NR-16.

O adjetivo perigoso indica fonte de perigo e pode ser aplicado tanto a agentes, como a eventos e situações.

Como o perigo não existe ausente da relação agente/alvo, está implícito determinado alvo, geralmente o homem.

O aviso "perigo" indica algo capaz de produzir danos, e identificação de perigos é a identificação de tudo que pode causar danos, seja substância, produto ou evento.

---

(249) SÜSSEKIND, Arnaldo. *Direito constitucional do trabalho*. Rio de Janeiro: Renovar, 1999. p. 237.
(250) OLIVEIRA, Sebastião Geraldo de. *Proteção jurídica à saúde do trabalhador*. 2. ed. São Paulo: LTr, 1998. p. 159.
(251) CUNHA, Maria Inês S. A. da. *Direito do trabalho*. 2. ed. São Paulo: Saraiva, 1997. p. 171.
(252) CARDELLA, Benedito. *Segurança no trabalho e prevenção de acidentes*. Uma abordagem holística. São Paulo: Atlas, 1999. p. 220.

Portanto, identificar perigos é identificar agentes perigosos, produtos perigosos, substâncias perigosas, misturas perigosas, interações perigosas, animais perigosos, situações perigosas ou de perigo, operações perigosas e eventos perigosos.[253]

4.1.2. Periculosidade elétrica

No que tange à periculosidade elétrica, temos que a mesma era definida na Lei n. 7.369 de 20 de setembro de 1985 e regulamentada, inicialmente, pelo Decreto n. 92.212/85, o qual foi posteriormente revogado pelo Decreto n. 93.412 de 14 de outubro de 1986, que passou a regulamentá-la.

A Lei n. 7.369/85 instituiu salário adicional para os empregados no setor de energia elétrica, em condições de periculosidade, não delimitando áreas nem funções para sua aplicação, nem se restringindo às atividades de eletricistas ou eletricitários, nem mesmo restringindo-se às áreas de produtores, distribuidores ou consumidores de energia elétrica.

O art. 1º desta lei mencionava que o empregado que exercer atividade no setor de energia elétrica, em condições de periculosidade, fazia jus a uma remuneração adicional de 30% sobre o salário que perceber.

Em 8 de dezembro de 2012, a Lei n. 12.740 em seu art. 3º revogou a Lei n. 7.369/1985 que instituía o salário adicional para os empregados no setor de energia elétrica, em condições de periculosidade e, alterou a redação do art. 193 da CLT para incluir a energia elétrica dentre as atividades ou operações perigosas.

> "Art. 193. São consideradas atividades ou operações perigosas, na forma da regulamentação aprovada pelo Ministério do Trabalho e Emprego, aquelas que, por sua natureza ou métodos de trabalho, impliquem risco acentuado em virtude de exposição permanente do trabalhador a:
>
> I — inflamáveis, explosivos ou energia elétrica;"

A partir da promulgação da Lei n. 12.740/2012, surgiram dúvidas em relação a alguns aspectos relacionados a periculosidade elétrica, tais como base de cálculo e atividades consideradas perigosas em razão da exposição à energia elétrica.

Essas dúvidas apareceram em decorrência da nova redação da Súmula n. 191 do Tribunal Superior do Trabalho:

> ADICIONAL. PERICULOSIDADE. INCIDÊNCIA (nova redação) — Res. 121/2003, DJ 19, 20 e 21.11.2003. O adicional de periculosidade incide apenas sobre o salário básico e não sobre este acrescido de outros adicionais. Em relação aos eletricitários, o cálculo do adicional de periculosidade deverá ser efetuado sobre a totalidade das parcelas de natureza salarial.

---

(253) CARDELLA, Benedito. *Op. cit.*, p. 231.

Todavia, a nova redação resultou da interpretação do art. 1º da Lei n. 7.369/85, que instituiu o adicional de periculosidade para os empregados no setor de energia elétrica. De acordo com o revogado art. 1º da Lei n. 7.369/85, o adicional de periculosidade devido aos eletricitários incidia sobre o salário que percebesse, ou seja, sobre a totalidade das verbas salariais, incluindo outros adicionais.

Entretanto, a Lei n. 7.369/85 foi revogada pela Lei n. 12.740/2012, que incluiu o trabalho em contato com energia elétrica no inciso I do art. 193 da CLT, como atividade perigosa a ensejar o pagamento do adicional de periculosidade.

De acordo com o § 1º do art. 193 da CLT: "O trabalho em condições de periculosidade assegura ao empregado um adicional de 30% (trinta por cento) sobre o salário sem os acréscimos resultantes de gratificações, prêmios ou participações nos lucros da empresa", ou seja, o adicional de periculosidade incide sobre o salário básico e não sobre este acrescido de outros adicionais.

Portanto, com a revogação da Lei n. 7.369/85, o adicional de periculosidade dos eletricitários deve ser calculado em 30% sobre o salário básico, sem qualquer acréscimo, do mesmo modo que aos demais trabalhadores que se expõem a agentes inflamáveis e explosivos, a roubos ou outras espécies de violência física ou que utilizam motocicleta na execução dos serviços.

O Procurador do Trabalho Dr. Ricardo Araújo Cozer, ensina que:

> [...] o fato de o adicional de periculosidade ser devido em valor menor, já que não mais inclui a totalidade das parcelas salariais, a partir da vigência da Lei n. 12.740/2012, não dá aos eletricitários o direito de continuar recebendo o adicional calculado sobre norma legal revogada, uma vez que 'o adicional de periculosidade constitui-se em salário-condição, isto é, só é devido enquanto persistirem as condições perigosas, não se podendo alegar direito adquirido ao seu recebimento e muito menos irredutibilidade salarial'.[(254)]

Desta forma, conclui-se que a partir da Lei n. 12.740, de 8 de dezembro de 2012, o adicional de periculosidade por contato com energia elétrica deve ser calculado de acordo com o salário básico, conforme § 1º do art. 193 da CLT, salvo se houver convenção coletiva prevendo outra base de cálculo que inclua outros adicionais.

Quanto às funções ou áreas de aplicações o Decreto n. 93.412/86 não fazia qualquer distinção ou restrições ao indicar em seu art. 2º, que é suscetível de gerar direito à percepção da remuneração adicional de que trata o art. 1º,

---

(254) COZER, Ricardo Araújo. "O Adicional de Periculosidade e a Nova Normatização estabelecida pela Lei n. 12.740/2012", abril 2013. Disponível em: <http://www.prt7.mpt.gov.br/images/artigos/2013/ Adicional_periculosidade_e_Normatizacao-Ricardo_Cozer-2013.pdf>. Acesso em: 15 fev. 2015.

da Lei n. 7.369/85, o exercício dessas atividades, desde que o empregado, independentemente do cargo, categoria ou ramo da empresa.

Desta forma, abrangia o adicional de periculosidade elétrica todas as funções, bem como todas as empresas, independente do ramo de atividade.

O legislador não especificou no texto legal que a categoria seria a dos eletricitários(255).

Por conseguinte, a lei é extensiva tanto aos eletricitários como aos eletricistas, abrangendo, assim, todos os empregados que trabalham com energia elétrica.

Não poderia ser outro o objetivo do legislador, uma vez que a periculosidade não se encontra presente apenas nas empresas geradoras e distribuidoras de energia elétrica, mas, igualmente, em outras empresas onde o risco de exposição é o mesmo. A eletricidade é fonte de riscos muito perigosos em qualquer situação.

O adicional de periculosidade elétrica era devido a todos aqueles que trabalham no setor de energia elétrica de qualquer empresa, desde que laborem com eletricidade, em condições de risco, independentemente se a mesma é geradora, transmissora ou distribuidora de energia elétrica.(256)

Quanto às hipóteses de incidência do adicional de periculosidade elétrica continuam as mesmas.

4.2. Embasamento legal

O adicional de periculosidade foi instituído pela primeira vez no Brasil, por meio da Lei n. 2.573, de 15 de agosto de 1955, que previa o adicional de 30% sobre o salário percebido para os trabalhadores que prestavam serviços permanentes com inflamáveis, em condições de periculosidade.

O Decreto n. 40.119, de 15 de outubro de 1956, regulamentou a percepção da remuneração adicional prevista na Lei n. 2.573/55.

A contar do ano de 1973, o legislador reconheceu mediante a Lei n. 5.880, de 24 de maio de 1973, o adicional de periculosidade também para os trabalhadores que exercem suas atividades em contato permanente com explosivos, em condições de periculosidade.(257)

O adicional de periculosidade, com as adaptações das regras vigentes, especialmente com a reforma do Capítulo V, do Título II, da Seção XIII, promovida

---

(255) Eletricitários são os operários da geração e distribuição nas indústrias de energia elétrica.

(256) ALMEIDA, Jair José de. *Adicional de periculosidade*: empregados no setor de energia elétrica: comentários à Lei n. 7.369/85. São Paulo: LTr, 1993. p. 35.

(257) COSTA, José de Ribamar da. *Noções de direito do trabalho*. São Paulo: LTr, 1978. p. 56.

pela Lei n. 6.514/77, relativos às atividades perigosas com inflamáveis e com explosivos, foram estabelecidos no art. 193, revogando-se expressamente as leis anteriores.

A Lei n. 12.740/2012 alterou o art. 193 da Consolidação das Leis do Trabalho (CLT), aprovada pelo Decreto-Lei n. 5.452, de 1º de maio de 1943, a fim de redefinir os critérios para caracterização das atividades ou operações perigosas, e revogou a Lei n. 7.369/1985, incluindo como atividade perigosa a ensejar o pagamento do adicional de periculosidade, o trabalho em contato com energia elétrica no inciso I do art. 193 da CLT, e no inciso II do mesmo diploma legal, o trabalho que com natureza ou métodos impliquem risco acentuado em virtude de exposição permanente do trabalhador a roubos ou outras espécies de violência física nas atividades profissionais de segurança pessoal ou patrimonial.

As atividades perigosas e áreas de risco envolvendo adicional de periculosidade por explosivos e inflamáveis estão regulamentadas pela Norma Regulamentadora NR-16, da Portaria n. 3.214/78, que especifica as situações em que será devido respectivo adicional.

Os anexos da Norma Regulamentadora — NR-16 têm as seguintes atividades: anexo 1 — atividades e operações perigosas com explosivos; anexo 2 — atividades e operações perigosas com inflamáveis; anexo (*) — atividades e operações com radiações ionizantes ou substâncias radioativas. A Portaria n. 1.885 de 2 de dezembro de 2013, publicada no D.O.U. em 3.12.2013, Seção 1 — p. 102, aprovou o Anexo 3 — atividades e operações perigosas com exposição a roubos ou outras espécies de violência física nas atividades profissionais de segurança pessoal ou patrimonial. A Portaria n. 1.078 de 6 de julho de 2014 aprovou o anexo 4 da NR-16 que trata das atividades e operações perigosas com energia elétrica.

Para o trabalhador no setor de energia elétrica, independentemente do ramo de atividade da empresa, faz jus ao adicional de periculosidade, nos termos do inciso I, do art. 193 da CLT, com a nova redação dada pela Lei n. 12.740/2012.

O trabalho com operações perigosas com radiações ionizantes ou substâncias radioativas gera direito ao respectivo adicional de 30% sobre o salário, desde que o obreiro exerça atividades em áreas de risco, conforme art. 2º, da Portaria n. 3.393 de 17 de dezembro de 1987, adotado pela Portaria GM n. 518, de 4 de abril de 2003.

A Súmula n. 39 do TST reconhece o direito ao recebimento do adicional de periculosidade aos empregados que operam em bomba de gasolina.

O adicional de periculosidade encontra-se previsto atualmente no art. 193 e parágrafos da Consolidação das Leis do Trabalho, sendo que o § 2º garante o recebimento de um adicional de 30% sobre o salário do obreiro.

Constitucionalmente, o adicional de remuneração por trabalho em condições de periculosidade somente foi reconhecido na Carta Magna de 1988 que inseriu o respectivo adicional no inciso XXIII[(258)] do seu art. 7º. Até então, nenhuma Constituição previa este adicional de remuneração.

Com relação à Organização Internacional do Trabalho (OIT), já tratamos do assunto no capítulo anterior, sobre a insalubridade.

4.3. Caracterização do adicional

A caracterização do adicional de periculosidade também é realizada com uma perícia a cargo do médico ou engenheiro do trabalho, devidamente registrados no Ministério do Trabalho.

A Norma Regulamentadora NR-16, da portaria do Ministério do Trabalho, estabeleceu os critérios para a caracterização do adicional de periculosidade em atividades e operações perigosas, senão vejamos:

4.3.1. Critério para caracterização da periculosidade por contato com explosivos

O Anexo 1, da Norma Regulamentadora — NR-16, em seu quadro n. 1, estabelece as atividades e operações perigosas com explosivos.

ANEXO 1 — QUADRO 1

Atividades	Adicional de 30%
a) no armazenamento de explosivos	todos os trabalhadores nessa atividade ou que permaneçam na área de risco
b) no transporte de explosivos	todos os trabalhadores nessa atividade
c) na operação de escorva dos cartuchos de explosivos	todos os trabalhadores nessa atividade
d) na operação de carregamento de explosivos	todos os trabalhadores nessa atividade
e) na detonação	todos os trabalhadores nessa atividade
f) na verificação de detonações falhadas	todos os trabalhadores nessa atividade
g) na queima e destruição de explosivos deteriorados	todos os trabalhadores nessa atividade
h) nas operações de manuseio de explosivos	todos os trabalhadores nessa atividade

(258) BRASIL. Constituição Federal, art. 7º, inciso XXIII: "adicional de remuneração para as atividades penosas, insalubres ou perigosas, na forma da lei".

O trabalhador, cuja atividade esteja enquadrada nas hipóteses acima discriminadas, faz jus ao adicional de 30% (trinta por cento) sobre o salário, sem os acréscimos resultantes de gratificações, prêmios ou participações nos lucros ou participações nos lucros da empresa, sendo-lhe ressalvado o direito de opção por adicional de insalubridade eventualmente devido.

4.3.2. Critério para caracterização da periculosidade por exposição em área de risco

As áreas de risco estão definidas nos quadros 2, 3 e 4, do Anexo 1, da Norma Regulamentadora — NR-16, bem como, no Anexo 2 da mesma NR:

Nos locais de armazenagem de pólvoras químicas, artifícios pirotécnicos e produtos químicos usados na fabricação de misturas explosivas ou de fogos de artifício:

ANEXO N. 1 — QUADRO 2

Quantidade em quilos		Faixa de terreno até a distância máxima de
	até 4.500	45 metros
mais de 4.500	até 45.000	90 metros
mais de 45.000	até 90.000	110 metros
mais de 90.000	até 225.000*	180 metros

* Quantidade máxima que não pode ser ultrapassada.

O quadro 3 demonstra os locais de armazenagem de explosivos iniciadores e as áreas de risco:

ANEXO N. 1 — QUADRO 3

Quantidade em quilos			Faixa de terreno até a distância máxima de
		até 20	75 metros
mais de	20	até 200	220 metros
mais de	200	até 900	300 metros
mais de	900	até 2.200	370 metros
mais de	2.200	até 4.500	460 metros
mais de	4.500	até 6.800	500 metros
mais de	6.800	até 9.000*	530 metros

* Quantidade máxima que não pode ser ultrapassada.

Nos locais de armazenagem de explosivos de ruptura e pólvoras mecânicas (pólvora negra e pólvora chocolate ou parda). Esta área de operação está compreendida no quadro n. 4.

ANEXO N. 1 — QUADRO 4

Quantidade em quilos			Faixa de terreno até a distância máxima de
		até 23	45 metros
mais de	23	até 45	75 metros
mais de	45	até 90	110 metros
mais de	90	até 135	160 metros
mais de	135	até 180	200 metros
mais de	180	até 225	220 metros
mais de	225	até 270	250 metros
mais de	270	até 300	265 metros
mais de	300	até 360	280 metros
mais de	360	até 400	300 metros
mais de	400	até 450	310 metros
mais de	450	até 680	345 metros
mais de	680	até 900	365 metros
mais de	900	até 1.300	405 metros
mais de	1.300	até 1.800	435 metros
mais de	1.800	até 2.200	460 metros
mais de	2.200	até 2.700	480 metros
mais de	2.700	até 3.100	490 metros
mais de	3.100	até 3.600	510 metros
mais de	3.600	até 4.000	520 metros
mais de	4.000	até 4.500	530 metros
mais de	4.500	até 6.800	570 metros
mais de	6.800	até 9.000	620 metros
mais de	9.000	até 11.300	660 metros
mais de	11.300	até 13.600	700 metros
mais de	13.600	até 18.100	780 metros
mais de	18.100	até 22.600	860 metros

Quantidade em quilos			Faixa de terreno até a distância máxima de
mais de	22.600	até 34.000	1.000 metros
mais de	34.000	até 45.300	1.100 metros
mais de	45.300	até 68.000	1.150 metros
mais de	68.000	até 90.700	1.250 metros
mais de	90.700	até 113.300	1.350 metros

Quando se tratar de depósitos barricados ou entricheirados, para o efeito da delimitação de área de risco, as distâncias previstas no quadro n. 4 podem ser reduzidas à metade. Será obrigatória a existência física de delimitação da área de risco, assim entendido qualquer obstáculo que impeça o ingresso de pessoas não autorizadas.

4.3.3. Critério para caracterização da periculosidade por contato com inflamáveis

O Anexo 2 da NR-16 indica as atividades e operações perigosas com inflamáveis e confere aos trabalhadores que se dedicam a essas atividades ou operações, bem como aqueles que operam na área de risco o adicional de periculosidade de 30%.

O primeiro pressuposto para a configuração do adicional de periculosidade é conhecer o ponto de fulgor da substância.

O líquido inflamável está definido na Norma Regulamentadora — NR-20, que o caracteriza como sendo todo aquele que possua ponto de fulgor inferior a 70°C (setenta graus centígrados) e pressão de vapor que não exceda 2,8 kg/cm^2 absoluta a 37,7°C.

Ressalta-se que, se o obreiro trabalha em área de produção da indústria que apresenta condições de periculosidade devido à utilização de quantidade elevada de substância altamente inflamável, onde há riscos acentuados devido ao uso deste produto, configura-se, assim, a condição de periculosidade, ensejando no direito do recebimento do respectivo adicional.

O trabalho em área de risco gera também direito ao adicional de periculosidade.

Caracterizado o ingresso do trabalhador em área de risco de inflamável, tem ele direito ao recebimento do adicional de periculosidade.

Quando o trabalhador é obrigado a adentrar, circular em área de risco, onde há inflamável, no seu dia a dia, o risco se faz presente, independente do tempo de exposição. A exposição a fatores periculosos, diariamente, por pouco tempo, durante a relação de emprego é considerada contato de natureza intermitente.

Quanto ao tempo de exposição, já se encontra pacificado em nossos tribunais que basta um segundo de exposição para que o sinistro possa ocorrer.

O adicional de periculosidade é devido ao obreiro em razão do perigo a que se expõe e não pelo tempo de exposição.

O entendimento do Tribunal Superior do Trabalho (TST), no tocante ao tempo de exposição em área de risco, que gera direito ao adicional de periculosidade, em interpretação ao art. 193 da CLT, é no sentido de que o que define o direito do trabalhador ao adicional de periculosidade é a circunstância de o exercício de suas funções impor-lhe a obrigação de manter contato com inflamáveis, ou permanecer em área considerada de risco, com frequência imprevisível, mas que ocorre sempre, no curso de cada mês, sem que possa ser evitada pelo trabalhador.

Não é necessário que o contato com o inflamável ou a permanência na área em que com ele se lida seja em caráter permanente. O risco de vida decorre do contato ou da permanência, ainda que por alguns minutos ou até por menor espaço de tempo.

Tanto que esse entendimento encontra-se pacificado em nossos tribunais, com a criação da Súmula n. 361 do Tribunal Superior do Trabalho (TST)[(259)]; Súmula de Jurisprudência n. 2[(260)], do Tribunal Regional do Trabalho (TRT) da 15ª Região; e ainda a Orientação Jurisprudencial n. 5[(261)] da Seção de Dissídios Individuais (SDI), desse Colendo Tribunal, que asseguram ao obreiro que trabalha em condições de risco (quer periculosidade por inflamáveis, quer por periculosidade elétrica) o direito ao recebimento do adicional de periculosidade de forma integral, independente do tempo de exposição.

Neste aspecto, o entendimento do Colendo Tribunal Superior do Trabalho (TST), bem como dos Tribunais Regionais do Trabalho, vêm decidindo que basta que o obreiro tenha que se expor habitualmente ao risco, por força das atividades a ele incumbidas, para que lhe seja devido o adicional de periculosidade.

---

(259) TST. Súmula n. 361 — "ADICIONAL DE PERICULOSIDADE. ELETRICITÁRIOS. EXPOSIÇÃO INTERMITENTE (mantida) — Res. 121/2003, DJ 19, 20 e 21.11.2003. O trabalho exercido em condições perigosas, embora de forma intermitente, dá direito ao empregado a receber o adicional de periculosidade de forma integral, porque a Lei n. 7.369, de 20.09.1985, não estabeleceu nenhuma proporcionalidade em relação ao seu pagamento".

(260) TRT DA 15ª REGIÃO. Súmula n. 2 — "Adicional De Periculosidade. Exposição Intermitente. O adicional de periculosidade é devido em função da existência do risco, que está presente quando ocorre contato com agentes perigosos, independentemente do tempo de exposição. Comprovado o contato, ainda que de forma intermitente, o adicional de periculosidade é devido integralmente". (Cancelada pela Resolução Administrativa n. 14, de 25 de novembro de 2010)

(261) TST. Orientação Jurisprudencial n. 5 — "Adicional de Periculosidade. Exposição Permanente e Intermitente. Inflamáveis e/ou explosivos. Direito ao adicional integral". (cancelada em decorrência da sua conversão na Súmula n. 364 — DJ 20.4.2005)

É que o dano potencial pode vir a se tornar efetivo a qualquer instante. Desnecessário, pois, que o empregado esteja em todos os instantes da jornada de trabalho, em contato permanente com o elemento de risco (exegese do art. 193 da CLT).(262)

Apurado em perícia que o trabalhador presta serviços em área da indústria onde há inflamável, consequentemente, trabalha em local perigoso, exposto a riscos inerentes ao trabalho em área de inflamáveis, riscos estes, decorrentes da possibilidade de falha ou defeito do sistema de segurança ou, ainda, de qualquer outra ação que desencadeie um evento funesto. Também, nesta situação, o trabalhador tem direito ao adicional de periculosidade.

As atividades e operações perigosas com inflamáveis estão descritas no Anexo 2, da NR-16:

ANEXO 2 — ATIVIDADES

	Atividades	**Adicional de 30%**
a.	na produção, transporte, processamento e armazenamento de gás liquefeito.	todos os trabalhadores nessas atividades ou que operam na área de risco.
b.	no transporte e armazenagem de inflamáveis líquidos gasosos liquefeitos e de vasilhames vazios não desgaseificados ou decantados.	todos os trabalhadores da área de operação.
c.	nos postos de reabastecimento de aeronaves.	todos os trabalhadores da área de operação.
d.	nos locais de carregamento de navios-tanques, vagões-tanques e caminhões-tanques e enchimento de vasilhames, com inflamáveis líquidos ou gasosos liquefeitos.	todos os trabalhadores nessas atividades ou que operam na área de risco.
e.	nos locais de descarga de navios-tanques, vagões-tanques e caminhões-tanques com inflamáveis líquidos ou gasosos liquefeitos ou de vasilhames vazios não desgaseificados ou decantados.	todos os trabalhadores nessas atividades ou que operam na área de risco.

(262) TST. Embargos em Recurso de revista n. 5.394/86.8, relator Ministro Aurélio Mendes de Oliveira, publicado no DJU, seção I, em 15.12.1989, p. 18.371. No mesmo sentido: TST. Embargos em recurso de revista n. 5.394/86.8, relator Ministro Aurélio Mendes de Oliveira, publicado no DJU, seção I, 15.12.1989, p. 18.371; TRT DA 22ª REGIÃO. Recurso ordinário n. 2.634/97, Acórdão n. 275/98, relator Juiz Fausto Lustosa Neto, 4.3.98, publicado no DJ em 23.3.98, p. 14; TRT DA 9ª REGIÃO. Recurso ordinário n. 13.421/1999, Acórdão n. 14.731/2000-07, relatora Juíza Wanda Santi Cardoso da Silva, publicado no DJ em 7.7.2000, p. 22; TRT DA 4ª REGIÃO. Recurso ordinário n. 00.457.331/97-6, Acórdão 00457.331/97-6, relatora Maria Guilhermina Miranda, julgado em 2.3.00, publicado no DJ em 27.3.00, p. 34; TRT DA 15ª REGIÃO. Recurso ordinário n. 35.864/1998, Acórdão n. 23.827/00 — relatora Eliana Felippe Toledo, julgado em 23.5.00, publicado no DOE em 4.7.00, p. 37.

	Atividades	Adicional de 30%
f.	nos serviços de operações e manutenção de navios-tanques, vagões-tanques, caminhões-tanques, bombas e vasilhames, com inflamáveis líquidos ou gasosos liquefeitos, ou vazios não desgaseificados ou decantados.	todos os trabalhadores nessas atividades ou que operam na área de risco.
g.	nas operações de desgaseificação, decantação e reparos de vasilhames não desgaseificados ou decantados.	todos os trabalhadores nessas atividades ou que operam na área de risco.
h	nas operações de teste de aparelhos de consumo de gás e seus equipamentos.	todos os trabalhadores nessas atividades ou que operam na área de risco.
i	no transporte de inflamáveis líquidos e gasosos liquefeitos em caminhão-tanque.	motorista e ajudantes.
j.	no transporte de vasilhames (em caminhão de carga), contendo inflamável líquido, em quantidade total igual ou superior a 200 litros, quando não observado o disposto nos subitens 4.1 e 4.2. deste anexo.	motorista e ajudantes.
l.	no transporte de vasilhames (em carreta ou caminhão de carga), contendo inflamáveis gasosos líquidos, em quantidade total igual ou superior a 135 quilos.	motorista e ajudantes.
m.	na operação em postos de serviço e bombas de abastecimento de inflamáveis líquidos.	operador de bomba e trabalhadores que operam na área de risco.

Para os efeitos desta Norma Regulamentadora — NR entende-se como:

I. Serviços de operação e manutenção de embarcações, vagões-tanques, caminhões-tanques, bombas e vasilhames de inflamáveis:

a) atividades de inspeção, calibração, medição, contagem de estoque e colheita de amostra em tanques ou quaisquer vasilhames cheios;

b) serviços de vigilância, de arrumação de vasilhames vazios não-desgaseificados, de bombas propulsoras em recintos fechados e de superintendência;

c) atividades de manutenção, reparos, lavagem, pintura de embarcações, tanques, viaturas de abastecimento e de quaisquer vasilhames cheios de inflamáveis ou vazios, não desgaseificados;

d) atividades de desgaseificação e lavagem de embarcações, tanques, viaturas, bombas de abastecimento ou quaisquer vasilhames que tenham contido inflamáveis líquidos;

e) quaisquer outras atividades de manutenção ou operação, tais como: serviço de almoxarifado, de escritório, de laboratório de inspeção de segurança, de conferência de estoque, de ambulatório médico, de engenharia, de oficinas em geral, de caldeiras, de mecânica, de eletricidade, de soldagem, de enchimento, fechamento e arrumação de quaisquer vasilhames com substâncias consideradas inflamáveis, desde que essas atividades sejam executadas dentro de áreas consideradas perigosas, *ad referendum* do Ministério do Trabalho.

II. Serviços de operação e manutenção de embarcações, vagões-tanques, caminhões-tanques e vasilhames de inflamáveis gasosos liquefeitos:

a) atividades de inspeção nos pontos de vazamento eventual no sistema de depósito de distribuição e de medição de tanques pelos processos de escapamento direto;

b) serviços de superintendência;

c) atividades de manutenção das instalações da frota de caminhões-tanques, executadas dentro da área e em torno dos pontos de escapamento normais ou eventuais;

d) atividades de decantação, desgaseificação, lavagem, reparos, pinturas e areação de tanques, cilindros e botijões cheios de GLP;

e) quaisquer outras atividades de manutenção ou operações, executadas dentro das áreas consideradas perigosas pelo Ministério do Trabalho.

III . Armazenagem de inflamáveis líquidos, em tanques ou vasilhames:

a) quaisquer atividades executadas dentro da bacia de segurança dos tanques;

b) arrumação de tambores ou latas ou quaisquer outras atividades executadas dentro do prédio de armazenamento de inflamáveis ou em recintos abertos e com vasilhames cheios inflamáveis ou não desgaseificados ou decantados.

IV. Armazenagem de inflamáveis gasosos liquefeitos, em tanques ou vasilhames:

a) arrumação de vasilhames ou quaisquer outras atividades executadas dentro do prédio de armazenamento de inflamáveis ou em recintos abertos e com vasilhames cheios de inflamáveis ou vazios não desgaseificados ou decantados.

V. Operações em postos de serviço e bombas de abastecimento de inflamáveis líquidos:

a) atividades ligadas diretamente ao abastecimento de viaturas com motor de explosão.

VI. Outras atividades, tais como: manutenção, lubrificação, lavagem de viaturas, mecânica, eletricidade, escritório de vendas e gerência, *ad referendum* do Ministério do Trabalho.

VII. Enchimento de quaisquer vasilhames (tambores, latas), com inflamáveis líquidos:

a) atividades de enchimento, fechamento e arrumação de latas ou caixas com latas.

VIII. Enchimento de quaisquer vasilhames (cilindros, botijões) com inflamáveis gasosos liquefeitos:

a) atividades de enchimento, pesagem, inspeção, estiva e arrumação de cilindros ou botijões cheios de GLP;

b) outras atividades executadas dentro da área considerada perigosa, *ad referendum* do Ministério do Trabalho.

O Anexo 2 indica além das atividades os locais que são considerados áreas de risco:

ANEXO 2 — ÁREAS DE RISCO

	Atividades	Áreas de Risco
a.	poços de petróleo em produção de gás.	círculo com raio de 30 metros, no mínimo, com centro na boca do poço.
b.	unidade de processamento das refinarias.	faixa de 30 metros de largura, no mínimo, contornando a área de operação.
c.	outros locais de refinaria onde se realizam operações com inflamáveis em estado de volatilização ou que apresente possibilidade de volatilização, decorrente de falha ou defeito dos sistemas de segurança e fechamento das válvulas.	faixa de 15 metros de largura, no mínimo, contornando a área de operação.
d.	tanques de inflamáveis líquidos.	toda a bacia de segurança.
e.	tanques elevados de inflamáveis gasosos.	círculo com raio de 3 metros com centro nos pontos de vazamento eventual (válvulas, registros, dispositivos de medição por escapamento, gaxetas).
f.	carga e descarga de inflamáveis líquidos contidos em navios, chatas e batelões.	afastamento de 15 metros da beira do cais, durante a operação, com extensão correspondente ao comprimento da embarcação.
g.	abastecimento de aeronaves.	toda a área de operação.
h.	enchimento de vagões-tanques e caminhões-tanques com inflamáveis líquidos.	círculo com raio de 15 metros com centro nas bocas de enchimento dos tanques.
i.	enchimento de vagões-tanques e caminhões-tanques inflamáveis gasosos liquefeitos.	círculo com raio de 7,5 metros com centros nos pontos de vazamento eventual (válvulas e registros).
j.	enchimento de vasilhames com inflamáveis gasosos liquefeitos.	círculo com raio de 15 metros com centros nos bicos de enchimento.
l.	enchimento de vasilhames com inflamáveis líquidos, em locais abertos.	círculo com raio de 7,5 metros com centros nos bicos de enchimento.
m.	enchimento de vasilhames com inflamáveis líquidos, em recinto fechado.	toda a área interna do recinto.
n.	manutenção de viaturas-tanques, bombas e vasilhames que contenham inflamável líquido.	local de operação, acrescido de faixa de 7,5 metros de largura em torno dos seus pontos externos.
o.	desgaseificação, decantação e reparos de vasilhames não desgaseificados ou decantados, utilizados no transporte de inflamáveis.	local da operação, acrescido de faixa de 7,5 metros de largura em torno dos seus pontos externos.

	Atividades	Áreas de Risco
p.	testes em aparelhos de consumo de gás e seus equipamentos.	local da operação, acrescido de faixa de 7,5 metros de largura em torno dos seus pontos extremos.
q.	abastecimento de inflamáveis.	toda a área de operação, abrangendo, no mínimo, círculo com raio de 7,5 metros com centro no ponto de abastecimento e o círculo com raio de 7,5 metros com centro na bomba de abastecimento da viatura e faixa de 7,5 metros de largura para ambos os lados da máquina.
r.	armazenamento de vasilhames que contenham inflamáveis líquidos ou vazios, não desgaseificados ou decantados, em locais abertos.	Faixa de 3 metros de largura em torno dos seus pontos externos.
s.	armazenamento de vasilhames que contenham inflamáveis líquidos ou vazios não desgaseificados, ou decantados, em recinto fechado.	Toda a área interna do recinto.
t.	carga e descarga de vasilhames, contendo inflamáveis líquidos ou vasilhames vazios, não desgaseificados ou decantados, transportados por navios, chatas ou batelões.	afastamento de 3 metros da beira do cais e durante a operação, com extensão correspondente ao comprimento da embarcação.

A Portaria n. 545[263], de 10 de julho de 2000, incluiu o item n. 4 abaixo, no Anexo 2 — Atividades e Operações Perigosas com Inflamáveis, da Norma Regulamentadora—NR-16, relativo a atividades que não caracterizam periculosidade para fins de percepção do adicional.

4. Não caracterizam periculosidade, para fins de percepção do adicional:

4.1. O manuseio, a armazenagem e o transporte de líquidos inflamáveis em embalagens certificadas, simples, compostas ou combinadas, desde que obedecidos os limites consignados em seu quadro I, independentemente do número total de embalagens manuseadas, armazenadas ou transportadas, sempre que obedecidas as Normas Regulamentadoras expedidas pelo Ministério do Trabalho e Emprego, a Norma — NBR n. 11.564/91 e a legislação sobre produtos perigosos relativa aos meios de transporte utilizados;

(263) MINISTÉRIO DO TRABALHO. Portaria n. 545 de 10 de julho de 2000 que altera as disposições da Norma Regulamentadora n. 16 — atividades e operações perigosas, aprovada pela Portaria MTb n. 3.214, de 8 de junho de 1978, alterando a redação do Anexo 2, item 1, alínea "j" e incluindo o item n. 4, no Anexo 2.

4.2. O manuseio, a armazenagem e o transporte de recipientes[264] de até cinco litros, lacrados[265] na fabricação, contendo líquidos inflamáveis, independentemente do número total de recipientes manuseados, armazenados ou transportados, sempre que obedecidas as Normas expedidas pelo Ministério do Trabalho e Emprego e a legislação sobre produtos perigosos relativa aos meios de transporte utilizados.

QUADRO 1

Capacidade Máxima para Embalagens de Líquidos Inflamáveis[2]				
	Embalagem Combinada[3]			
Embalagem Interna[4]	Embalagem Externa[5]	Grupo de Embalagens * I	Grupo de Embalagens * II	Grupo de Embalagens * III
	Tambores[6] de:			
	Metal Plástico Madeira Compensada Fibra	250 kg 250 kg 150 kg 75 kg	400 kg 400 kg 400 kg 400 kg	400 kg 400 kg 400 kg 400 kg
Recipientes de Vidro com mais de	**Caixas[7]**			
5 e até 10 litros; Plástico com mais	Aço ou Alumínio	250 kg	400 kg	400 kg
de 5 e até 30 litros; Metal com mais de 5 e até 40 litros.	Madeira Natural ou Compensada Madeira Aglomerada Papelão Plástico Flexível Plástico Rígido	150 kg 75 kg 75 kg 60 kg 150 kg	400 kg 400 kg 400 kg 60 kg 400 kg	400 kg 400 kg 400 kg 60 kg 400 kg
	Bombonas			
	Aço ou Alumínio Plástico	120 kg 120 kg	120 kg 120 kg	120 kg 120 kg

---

(264) MINISTÉRIO DO TRABALHO. Portaria n. 26 de 2 de agosto de 2.000: "Recipientes são elementos de contenção, com quaisquer meio de fechamento, destinados a receber e conter líquidos inflamáveis. Ex. garrafas, latas etc".

(265) MINISTÉRIO DO TRABALHO. Portaria n. 26 de 2 de agosto de 2.000: "Lacrados: Fechados, no processo de envazamento, de maneira estanque para que não venham a apresentar vazamentos nas condições normais de manuseio, armazenamento ou transporte, assim como decorrentes de variações de temperatura, umidade ou pressão ou sob os efeitos de choques e vibrações".

Embalagens Simples[8]			
	Grupo de Embalagens * I	Grupo de Embalagens * II	Grupo de Embalagens * III
Tambores			
Aço, tampa não removível	250 L		
Aço, tampa removível	250 L **		
Alumínio, tampa não removível	250 L		
Alumínio, tampa removível	250 L**	450 L	450L
Outros metais, tampa não removível	250 L		
Outros metais, tampa removível	250 L**		
Plástico, tampa não removível	250 L**		
Plástico, tampa removível	250 L**		
Bombonas [9]			
Aço, tampa não removível	60 L		
Aço, tampa removível	60 L**		
Alumínio, tampa não removível	60 L		
Alumínio, tampa removível	60 L**	60 L	60 L
Outros metais, tampa não removível	60 L		
Outros metais, tampa removível	60 L**		
Plástico, tampa não removível	60 L		
Plástico, tampa removível	60 L**		

Embalagens Compostas[10]			
	Grupo de Embalagens[11] * II	Grupo de Embalagens * II	Grupo de Embalagens * III
Plástico com tambor externo de aço ou alumínio			
Plástico com tambor externo de fibra, plástico ou compensado	250 L	250 L	250 L
Plástico com engradado ou caixa externa de aço ou alumínio ou madeira externa ou caixa externa de compensado ou de cartão ou de plástico rígido Vidro com tambor externo de aço, alumínio, fibra	120 L	250 L	250 L
Compensado, plástico flexível ou em caixa de aço, alumínio, madeira, papelão ou compensado	60 L	60 L	60 L

*Conforme definições NBR 11564 ABNT.

** Somente para substâncias com viscosidade maior que 200 mm2 /seg.

(Of. El. n. 204/2000)

4.3.4. Critério para a caracterização das atividades e operações perigosas com exposição a roubos ou outras espécies de violência física nas atividades profissionais de segurança pessoal ou patrimonial.[(266)]

1. As atividades ou operações que impliquem em exposição dos profissionais de segurança pessoal ou patrimonial a roubos ou outras espécies de violência física são consideradas perigosas.

(266) O Anexo 3, da NR-16 foi aprovado pela Portaria MTE n.1.885, de 2 de dezembro de 2013.

2. São considerados profissionais de segurança pessoal ou patrimonial os trabalhadores que atendam a uma das seguintes condições:

a) empregados das empresas prestadoras de serviço nas atividades de segurança privada ou que integrem serviço orgânico de segurança privada, devidamente registradas e autorizadas pelo Ministério da Justiça, conforme Lei n. 7.102/1983 e suas alterações posteriores.

b) empregados que exercem a atividade de segurança patrimonial ou pessoal em instalações metroviárias, ferroviárias, portuárias, rodoviárias, aeroportuárias e de bens públicos, contratados diretamente pela administração pública direta ou indireta.

3. As atividades ou operações que expõem os empregados a roubos ou outras espécies de violência física, desde que atendida uma das condições do item 2, são as constantes do quadro abaixo:

ANEXO 3

ATIVIDADES OU OPERAÇÕES	DESCRIÇÃO
Vigilância patrimonial	Segurança patrimonial e/ou pessoal na preservação do patrimônio em estabelecimentos públicos ou privados e da incolumidade física de pessoas.
Segurança de eventos	Segurança patrimonial e/ou pessoal em espaços públicos ou privados, de uso comum do povo.
Segurança nos transportes coletivos	Segurança patrimonial e/ou pessoal nos transportes coletivos e em suas respectivas instalações.
Segurança ambiental e florestal	Segurança patrimonial e/ou pessoal em áreas de conservação de fauna, flora natural e de reflorestamento.
Transporte de valores	Segurança na execução do serviço de transporte de valores.
Escolta armada	Segurança no acompanhamento de qualquer tipo de carga ou de valores.
Segurança pessoal	Acompanhamento e proteção da integridade física de pessoa ou de grupos.
Supervisão/fiscalização operacional	Surpevisão e/ou fiscalização direta dos locais de trabalho para acompanhamento e orientação dos vigilantes.
Telemonitoramento/telecontrole	Execução de controle e/ou monitoramento de locais, através de sistemas eletrônicos de segurança.

4.3.5. Critério para caracterização das atividades e operações perigosas com energia elétrica[267]

A periculosidade por atividades e/ou operações com energia elétrica como mencionado, foi instituída pela Lei n. 7.369, de 20.9.85, e regulamentada em 1986, pelo Decreto n. 93.412/86.

Os arts. 1º e 2º do Decreto mencionado estabelecem que são atividades em condições de periculosidade, pelo contato com a energia elétrica, aquelas constantes no Quadro de atividades/Áreas de risco, independente de cargo, categoria ou ramo de empresa.

No caso de periculosidade elétrica é necessário que a atividade do trabalhador esteja enquadrada em áreas consideradas de risco, conforme cita o Decreto.

Os julgados, súmulas e orientações jurisprudenciais que encontramos sobre o assunto consideram o direito ao recebimento do adicional de periculosidade elétrica os trabalhadores cujas atividades se enquadrem no Quadro de atividades/ Áreas de risco em condições de risco acentuado, independente do tempo de exposição.

Este entendimento encontra-se pacificado na Súmula n. 361 do Colendo Tribunal Superior do Trabalho (TST).

> "Súmula n. 361 — ADICIONAL DE PERICULOSIDADE. ELETRICITÁRIOS. EXPOSIÇÃO INTERMITENTE (mantida) — Res. 121/2003, DJ 19, 20 e 21.11.2003. O trabalho exercido em condições perigosas, embora de forma intermitente, dá direito ao empregado a receber o adicional de periculosidade de forma integral, porque a Lei n. 7.369, de 20.9.1985, não estabeleceu nenhuma proporcionalidade em relação ao seu pagamento".

A Lei n. 7.369/85, ao referir-se aos empregados que exercem atividades no setor de energia elétrica, alcança a todos que trabalham em qualquer estabelecimento que tenha um setor de eletricidade e não se destina tão somente às empresas que produzem e comercializam a energia elétrica.

A Portaria MTE n. 1.078, de 16 de julho de 2014, aprovou as atividades e operações perigosas com energia elétrica acrescentando o Anexo 4, na NR-16 determinando que:

> 1. Têm direito ao adicional de periculosidade os trabalhadores:
>
> a) que executam atividades ou operações em instalações ou equipamentos elétricos energizados em alta tensão;
>
> b) que realizam atividades ou operações com trabalho em proximidade, conforme estabelece a NR-10;
>
> c) que realizam atividades ou operações em instalações ou equipamentos elétricos energizados em baixa tensão no sistema elétrico de consumo (SEC), no caso de descumprimento do item 10.2.8 e seus subitens da NR-10 — Segurança em Instalações e Serviços em Eletricidade;

---

(267) O Anexo 4, foi aprovado pela Portaria MTE n. 1.078, de 16 de julho de 2014.

d) das empresas que operam em instalações ou equipamentos integrantes do sistema elétrico de potência (SEP), bem como suas contratadas, em conformidade com as atividades e respectivas áreas de risco descritas no quadro I deste anexo.

2. Não é devido o pagamento do adicional nas seguintes situações:

a) nas atividades ou operações no sistema elétrico de consumo em instalações ou equipamentos elétricos desenergizados e liberados para o trabalho, sem possibilidade de energização acidental, conforme estabelece a NR-10;

b) nas atividades ou operações em instalações ou equipamentos elétricos alimentados por extra baixa tensão;

c) nas atividades ou operações elementares realizadas em baixa tensão, tais como o uso de equipamentos elétricos energizados e os procedimentos de ligar e desligar circuitos elétricos, desde que os materiais e equipamentos elétricos estejam em conformidade com as normas técnicas oficiais estabelecidas pelos órgãos competentes e, na ausência ou omissão destas, as normas internacionais cabíveis.

3. O trabalho intermitente é equiparado à exposição permanente para fins de pagamento integral do adicional de periculosidade nos meses em que houver exposição, excluída a exposição eventual, assim considerado o caso fortuito ou que não faça parte da rotina.

4. Das atividades no sistema elétrico de potência (SEP).

4.1. Para os efeitos deste anexo entende-se como atividades de construção, operação e manutenção de redes de linhas aéreas ou subterrâneas de alta e baixa tensão integrantes do SEP:

a) Montagem, instalação, substituição, conservação, reparos, ensaios e testes de: verificação, inspeção, levantamento, supervisão e fiscalização; fusíveis, condutores, para-raios, postes, torres, chaves, muflas, isoladores, transformadores, capacitores, medidores, reguladores de tensão, religadores, seccionalizadores, carrier (onda portadora via linhas de transmissão), cruzetas, relé e braço de iluminação pública, aparelho de medição gráfica, bases de concreto ou alvenaria de torres, postes e estrutura de sustentação de redes e linhas aéreas e demais componentes das redes aéreas;

b) Corte e poda de árvores;

c) Ligações e cortes de consumidores;

d) Manobras aéreas e subterrâneas de redes e linhas;

e) Manobras em subestação;

f) Testes de curto em linhas de transmissão;

g) Manutenção de fontes de alimentação de sistemas de comunicação;

h) Leitura em consumidores de alta tensão;

i) Aferição em equipamentos de medição;

j) Medidas de resistências, lançamento e instalação de cabo contra peso;

k) Medidas de campo eletromagnético, rádio, interferência e correntes induzidas;

l) Testes elétricos em instalações de terceiros em faixas de linhas de transmissão (oleodutos, gasodutos etc);

m) Pintura de estruturas e equipamentos;

n) Verificação, inspeção, inclusive aérea, fiscalização, levantamento de dados e supervisão de serviços técnicos;

o) Montagem, instalação, substituição, manutenção e reparos de: barramentos, transformadores, disjuntores, chaves e seccionadoras, condensadores, chaves a óleo, transformadores para instrumentos, cabos subterrâneos e subaquáticos, painéis, circuitos elétricos, contatos, muflas e isoladores e demais componentes de redes subterrâneas;

p) Construção civil, instalação, substituição e limpeza de: valas, bancos de dutos, dutos, condutos, canaletas, galerias, túneis, caixas ou poços de inspeção, câmaras;

q) Medição, verificação, ensaios, testes, inspeção, fiscalização, levantamento de dados e supervisões de serviços técnicos.

4.2. Para os efeitos deste anexo entende-se como atividades de construção, operação e manutenção nas usinas, unidades geradoras, subestações e cabinas de distribuição em operações, integrantes do SEP:

a) Montagem, desmontagem, operação e conservação de: medidores, relés, chaves, disjuntores e religadoras, caixas de controle, cabos de força, cabos de controle, barramentos, baterias e carregadores, transformadores, sistemas anti-incêndio e de resfriamento, bancos de capacitores, reatores, reguladores, equipamentos eletrônicos, eletromecânico e eletroeletrônicos, painéis, para-raios, áreas de circulação, estruturas-suporte e demais instalações e equipamentos elétricos;

b) Construção de: valas de dutos, canaletas, bases de equipamentos, estruturas, condutos e demais instalações;

c) Serviços de limpeza, pintura e sinalização de instalações e equipamentos elétricos;

d) Ensaios, testes, medições, supervisão, fiscalizações e levantamentos de circuitos e equipamentos elétricos, eletrônicos de telecomunicações e telecontrole.

ANEXO 4 — QUADRO 1

ATIVIDADES	ÁREAS DE RISCO
I — Atividades, constantes no item 4.1, de construção, operação e manutenção de redes de linhas aéreas ou subterrâneas de alta e baixa tensão integrantes do SEP, energizados ou desenergizados, mas com possibilidade de energização acidental ou por falha operacional.	a) Estruturas, condutores e equipamentos de linhas aéreas de transmissão, subtransmissão e distribuição, incluindo plataformas e cestos aéreos usados para execução dos trabalhos; b) Pátio e salas de operação de subestações; c) Cabines de distribuição; d) Estruturas, condutores e equipamentos de redes de tração elétrica, incluindo escadas, plataformas e cestos aéreos usados para execução dos trabalhos;

ATIVIDADES	ÁREAS DE RISCO
	e) Valas, bancos de dutos, canaletas, condutores, recintos internos de caixas, poços de inspeção, câmaras, galerias, túneis, estruturas terminais e aéreas de superfície correspondentes; f) Áreas submersas em rios, lagos e mares.
II — Atividades, constantes no item 4.2, de construção, operação e manutenção nas usinas, unidades geradoras, subestações e cabinas de distribuição em operações, integrantes do SEP, energizados ou desenergizados, mas com possibilidade de energização acidental ou por falha operacional.	a) Pontos de medição e cabinas de distribuição, inclusive de consumidores; b) Salas de controles, casa de máquinas, barragens de usinas e unidades geradoras; c) Pátios e salas de operações de subestações, inclusive consumidoras.
III — Atividades de inspeção, testes, ensaios, calibração, medição e reparos em equipamentos e materiais elétricos, eletrônicos, eletromecânicos e de segurança individual e coletiva em sistemas elétricos de potência de alta e baixa tensão.	a) Áreas das oficinas e laboratórios de testes e manutenção elétrica, eletrônica e eletromecânica onde são executados testes, ensaios, calibração e reparos de equipamentos energizados ou passíveis de energização acidental; b) Sala de controle e casas de máquinas de usinas e unidades geradoras; c) Pátios e salas de operação de subestações, inclusive consumidoras; d) Salas de ensaios elétricos de alta tensão; e) Sala de controle dos centros de operações.
IV — Atividades de treinamento em equipamentos ou instalações integrantes do SEP, energizadas ou desenergizadas, mas com possibilidade de energização acidental ou por falha operacional.	a) Todas as áreas descritas nos itens anteriores.

4.3.6. Critério para caracterização das atividades perigosas em motocicleta

A Portaria do Ministério do trabalho n. 1.565, de 13 de outubro de 2014, aprovou o Anexo 5 da NR-16, que trata das atividades perigosas em motocicleta:

ANEXO 5:

1. As atividades laborais com utilização de motocicleta ou motoneta no deslocamento de trabalhador em vias públicas são consideradas perigosas.

2. Não são consideradas perigosas, para efeito deste anexo:

a) a utilização de motocicleta ou motoneta exclusivamente no percurso da residência para o local de trabalho ou deste para aquela;

b) as atividades em veículos que não necessitem de emplacamento ou que não exijam carteira nacional de habilitação para conduzi-los;

c) as atividades em motocicleta ou motoneta em locais privados;

d) as atividades com uso de motocicleta ou motoneta de forma eventual, assim considerado o fortuito, ou o que, sendo habitual, dá-se por tempo extremamente reduzido.

A Portaria n. 1.565/2014 acima transcrita teve seus efeitos suspensos pela Portaria n. 1.930 de 16 de dezembro de 2014. Todavia, esta última foi revogada pelo art. 1º da Portaria n. 5[(268)] de 7 de janeiro de 2015.

4.3.7. Critério para caracterização da periculosidade por atividades e operações perigosas com radiações ionizantes ou substâncias radioativas

O Ministério do Trabalho, por meio da Portaria n. 3.393, de 17.12.87, adotada pela Portaria GM n. 518, de 4 de abril de 2003 acrescentou o anexo (*), na Norma Regulamentadora — NR-16, estabelecendo as atividades e operações perigosas com radiações ionizantes ou substâncias radioativas:

ANEXO (*)

Atividades	Áreas de risco
1. Produção, utilização, processamento, transporte, guarda, estocagem de manuseio de materiais radioativos, selados e não selados, de estado físico e forma química quaisquer, naturais ou artificiais, incluindo:	Minas e depósitos de materiais radioativos. Plantas-piloto e usinas e de beneficiamento de minerais radioativos. Outras áreas sujeitas a risco potencial devido às radiações ionizantes.
1.1. Prospecção, mineração, operação, beneficiamento e processamento de minerais radioativos.	Lixiviação de minerais radioativos para produção de concentrados de urânio e tório. Purificação de concentrados de conversão em outras formas para uso como combustível nuclear.

(268) A Portaria do Ministério do Trabalho n. 5 de 7 de janeiro de 2015, em seu art. 2º suspendeu os efeitos da Portaria n. 1.565/2014 em relação aos associados da Associação Brasileira das Indústrias de Refrigerantes e de Bebidas não Alcoólicas (ABIR) e aos confederados da Confederação Nacional das Revendas Ambev e das Empresas de Logística da Distribuição (CONFENAR).

Atividades	Áreas de risco
1.2. Produção, transformação e tratamento de materiais nucleares para o ciclo do combustível nuclear.	Produção de fluoretos de urânio para produção de hexafluoreto e urânio metálico. Instalações para enriquecimento isotópico e reconversão. Fabricação do elemento combustível nuclear. Instalações para armazenamento dos elementos combustíveis usados. Instalações para o retratamento do combustível irradiado. Instalações para o tratamento e deposições, provisórias e finais, dos rejeitos radioativos naturais e artificiais.
1.3. Produção de radioisótopos para uso em medicina, agricultura, agropecuária, pesquisa científica e tecnológica.	Laboratórios para produção de radioisótopos e moléculas marcadas.
1.4. Produção de fontes radioativas.	Instalações para tratamento do material radiativo e confecção de fontes. Laboratório de testes, ensaios e calibração de fontes, detectores e monitores de radiação, com fontes radioativas.
1.5. Testes, ensaios e calibração de detectores e monitores de radiação com fontes de radiação.	Laboratórios de ensaios para materiais radioativos. Laboratórios de radioquímica.
1.6. Descontaminação de superfícies, instrumentos, máquinas, ferramentas, utensílios de laboratório, vestimentas e de quaisquer outras áreas com bens duráveis contaminados com material radiativo.	Laboratórios para descontaminação de peças e materiais radioativos. Coleta de rejeitos radioativos em instalações, prédios e em áreas abertas. Lavanderia para roupas contaminadas. Transporte de materiais e rejeitos radioativos, condicionamento, estocagens e sua deposição.
1.7. Separação isotópica e processamento rádioquímico.	Instalações para tratamento, condicionamento, contenção, estabilização, estocagem e deposição de rejeitos radioativos. Instalações para retenção de rejeitos radioativos.
1.8. Manuseio, condicionamento, liberação, monitoração, estabilização, inspeção, retenção e deposição de rejeitos radioativos.	Sítio de rejeitos. Instalações para estocagem de produtos radioativos para posterior aproveitamento.
2. Atividades de operação e manutenção de reatores nucleares, incluindo:	Edifícios de reatores. Edifícios de estocagem de combustível.

Atividades	Áreas de risco
2.1. Montagem, instalação, substituição e inspeção de elementos combustíveis.	Instalações de tratamento e estocagem de rejeitos radioativos.
2.2. Manutenção de componentes integrantes do reator e dos sistemas hidráulicos mecânicos e elétricos, irradiados, contaminados ou situados em área de radiação.	Instalações para tratamento de água de reatores e separação e contenção de produtos radioativos. Salas de operação de reatores. Salas de amostragem de efluentes radioativos.
2.3. Manuseio de amostras irradiadas.	Laboratórios de medidas de radiação.
2.4. Experimentos utilizando canais de irradiação.	Outras áreas sujeitas a risco potencial às radiações ionizantes passíveis de serem atingidas por dispersão de produtos voláteis.
2.5. Medição de radiação, levantamento de dados radiológicos e nucleares, ensaios, testes, inspeções, fiscalização e supervisão de trabalhos técnicos.	Laboratórios semiquentes e quentes. Minas de urânio e tório. Depósitos de minerais radioativos e produtos do tratamento de minerais radioativos.
2.6. Segregação, manuseio, tratamento, acondicionamento e armazenamento de rejeitos radioativos.	Coletas de materiais e peças radioativas, materiais contaminados com radioisótopos e águas radioativas.
3. Atividades de operação e manutenção de aceleradores de partículas, incluindo:	Áreas de irradiaçao de alvos.
3.1. Montagem, instalação, substituição e manutenção de componentes irradiados ou contaminados.	Oficinas de manutenção de componentes irradiados ou contaminados. Salas de operação de aceleradores.
3.2. Processamento de alvos irradiados.	Laboratórios para tratamento de alvos irradiados e separação de radioisótopos.
3.3. Experimentos com feixes de partículas.	Laboratórios de testes com radiação e medidas nucleares.
3.4. Medição de radiação, levantamento de dados radiológicos e nucleares, testes, inspeções e supervisão de trabalhos técnicos.	Áreas de tratamento e estocagem de rejeitos radioativos.
3.5. Segregação, manuseio, tratamento, acondicionamento e armazenamento de rejeitos radioativos.	Laboratórios de processamento de alvos irradiados.
4. Atividades de operação com aparelhos de raios X, com irradiadores de radiação gama, radiação beta ou radiação de nêutrons, incluindo:	Salas de irradiação e de operação de aparelhos de raios X e de irradiadores gama, beta ou nêutrons.
4.1. Diagnóstico médico e odontológico.	Laboratórios de testes, ensaios e calibração com as fontes de radiação descritas.

Atividades	Áreas de risco
4.2. Radioterapia.	
4.3. Radiografia industrial, gamagrafia e neutronradiografia.	Manuseio de fontes.
4.4. Análise de materiais por difratometria.	Manuseio do equipamento.
4.5. Testes, ensaios e calibração de detectores e monitores de radiação.	Manuseio de fontes e amostras radioativas.
4.6. Irradiação de alimentos.	Manuseio de fontes e instalações para irradiação de alimentos.
4.7. Esterilização de instrumentos médico-hospitalares.	Manuseio de fontes e instalações para a operação.
4.8. Irradiação de espécimes minerais e biológicos.	Manuseio de amostras irradiadas.
4.9. Medição de radiação, levantamento de dados radiológicos, ensaios, testes, inspeções, fiscalização de trabalhos técnicos.	Laboratórios de ensaios e calibração de fontes e materiais radioativos.
5. Atividades da medicina nuclear.	Salas de diagnóstico e terapia com medicina nuclear.
5.1. Manuseio e aplicação de radioisótopos para diagnóstico médico e terapia.	Enfermeira de pacientes, sob treinamento com radioisótopos. Enfermaria de pacientes, contaminados com radioisótopos em observação e sob tratamento de descontaminação.
5.2. Manuseio de fontes seladas para aplicação em braquiterapia.	Área de tratamento de estocagem de rejeitos radioativos.
5.3. Obtenção de dados biológicos de pacientes com radioisótopos incorporados.	Manuseio de materiais biológicos contendo radioisótopos ou moléculas marcadas.
5.4. Segregação, manuseio, tratamento, acondicionamento e estocagem de rejeitos radioativos.	Laboratórios para descontaminação e coleta de rejeitos radioativos.
6. Descomissionamento de instalações nucleares e radioativas, que inclui:	Áreas de instalações nucleares e radioativas contaminadas e com rejeitos.
6.1. Todas as descontaminações radioativas inerentes.	Depósitos provisórios e definitivos de rejeitos radioativos.
6.2. Gerenciamento dos rejeitos radioativos existentes, ou seja: tratamento e acondicionamento dos rejeitos, líquidos, sólidos, gasosos e aerossóis; transporte e deposição dos mesmos.	Instalações para contenção de rejeitos radioativos. Instalações para asfaltamento de rejeitos radioativos. Instalações para cimentação de rejeitos radioativos.

Atividades	Áreas de risco
7. Descomissionamentos de minas, moinhos e usinas de tratamento de minerais radioativos.	Tratamento de rejeitos minerais. Repositório de rejeitos naturais (bacia de contenção de rádio e outros radioisótopos). Deposição de gangas e rejeitos de mineração.

4.4. Efeitos pecuniários

O art. 196 da Consolidação das Leis do Trabalho (CLT), estabelece que os efeitos pecuniários da periculosidade serão devidos a contar da data da inclusão da respectiva atividade nos quadros aprovados pelo Ministério do Trabalho, ou seja, são verificados a partir da data da entrada em vigor da Portaria n. 3214/78, que aprovou os quadros referentes a tais condições.

O Decreto-lei n. 389, de 26.12.68, apenas reconhecia o direito ao adicional a partir do ajuizamento da ação. Referida norma foi revogada pela Lei n. 6.514/77.

O prazo prescricional é o estatuído no inciso XXIX, do art. 7º, da Carta Magna vigente e no art. 11 da Consolidação das Leis do Trabalho.

Com relação aos valores, o adicional de periculosidade é economicamente mais vantajoso que o adicional de insalubridade, representando um valor mais significativo ao trabalhador, uma vez que ainda a base de cálculo do adicional de insalubridade é o salário mínimo.

4.5. Base de cálculo do adicional de periculosidade

O adicional de periculosidade pela exposição a agentes explosivos, inflamáveis ou energia elétrica; roubos ou outras espécies de violência física nas atividades profissionais de segurança pessoal ou patrimonial são calculados à razão de 30% sobre o salário contratual do obreiro, sem os acréscimos resultantes de gratificações, prêmios ou participações nos lucros da empresa

O adicional de periculosidade, por unanimidade, ao contrário do de insalubridade, incide sempre sobre o salário percebido[(269)] e corresponde a um acréscimo de 30% sobre o salário-base do trabalhador.[(270)]

A Súmula n. 191 do TST esclarece que o adicional de periculosidade incide, apenas, sobre o salário básico, e não sobre este acrescido de outros adicionais[(271)].

---

(269) COSTA, José de Ribamar da. *Noções de direito do trabalho*. São Paulo: LTr, 1978. p. 57.
(270) MARTINS FILHO, Ives Gandra da Silva. *Manual esquemático de direito e processo do trabalho*. 5. ed. São Paulo: Saraiva, 1997. p. 35.
(271) MARTINS, Sérgio Pinto. *Curso de direito do Trabalho*. São Paulo: Dialética, 1998. p. 237

Súmula n. 191 do TST — ADICIONAL. PERICULOSIDADE. INCIDÊNCIA (nova redação) — Res. 121/2003, DJ 19, 20 e 21.11.2003. O adicional de periculosidade incide apenas sobre o salário básico e não sobre este acrescido de outros adicionais. Em relação aos eletricitários, o cálculo do adicional de periculosidade deverá ser efetuado sobre a totalidade das parcelas de natureza salarial.

A jurisprudência já se posicionou no sentido de que o adicional de periculosidade incide sobre o salário-base, sem outros acréscimos, a teor do art. 193, § 1º da Consolidação das Leis do Trabalho (CLT) e Súmula n. 191 do Egrégio Tribunal Superior do Trabalho (TST). Os textos da Lei n. 7.369/85 e do Decreto n. 93.412/86, pelos seus termos, corroboram esse posicionamento.[272]

O salário-base para incidência do adicional de periculosidade, quando o trabalhador é remunerado por hora, deve ser o resultado da multiplicação do valor do salário hora por 220, com observância da evolução salarial.[273]

4.6. Cálculo do adicional devido

Integrações e reflexos

O adicional de periculosidade integra a remuneração, para todos os efeitos, podendo ser suprimido no caso de serem eliminadas as causas que determinaram seu pagamento[274].

A Súmula n. 132 do Tribunal Superior do Trabalho — TST, estabelece que:

ADICIONAL DE PERICULOSIDADE. INTEGRAÇÃO[275]. I — O adicional de periculosidade, pago em caráter permanente, integra o cálculo de indenização e de horas extras[276] II — Durante as horas de sobreaviso, o empregado não se encontra em condições de risco, razão pela qual é incabível a integração do adicional de periculosidade sobre as mencionadas horas.[277]

Por indenização entende-se 13º salário, no aviso-prévio, férias vencidas e proporcionais acrescidas de 1/3 constitucional e FGTS, acrescido da multa de 40%, no caso de demissão sem justa causa.

(272) TRT DA 15ª REGIÃO. Recurso ordinário n. 030301/98, Acórdão n. 008155/2000, Relatora Eliana Felippe Toledo, julgado em 17.1.00, publicado no DOE em 13.3.2000, p. 37.

(273) TRT DA 2ª REGIÃO. Recurso ordinário n. 019486/1999, Acórdão 013192/2000 publicado no DOE em 10.4.2000, p. 23.

(274) CUNHA, Maria Inês S.A. da. *Direito do trabalho*. 2. ed. São Paulo: Saraiva, 1997. p. 172.

(275) Incorporadas as Orientações Jurisprudenciais ns. 174 e 267 da SBDI-1 — Res. 129/2005, DJ 20, 22 e 25.4.2005.

(276) Ex-Prejulgado n. 3. ex-Súmula n. 132 — RA 102/1982, DJ 11.10.1982/ DJ 15.10.1982 — e ex-OJ n. 267 da SBDI-1 — inserida em 27.9.2002.

(277) Ex-OJ n. 174 da SBDI-1 — inserida em 8.11.2000.

4.7. Eliminação ou neutralização

A periculosidade é insuscetível de ser eliminada com o uso de equipamentos de proteção, visando o adicional compensar o risco a que está submetido o obreiro, quando este trabalha com inflamáveis, explosivos ou energia elétrica. Assim, medidas de segurança devem ser adotadas, o que não impede ou elimina o risco.(278)

Em posicionamento contrário, Sérgio Pinto Martins sustenta que o pagamento do adicional de periculosidade não gera direito adquirido, pois depende da existência do agente perigoso. Eliminado o risco à integridade física do trabalhador, o adicional deixa de ser devido, pois é decorrente da existência do risco.(279)

A Consolidação das Leis do Trabalho trata da eliminação do risco à saúde ou integridade física, relativo à periculosidade em seu art. 194.

Entretanto, as condições de periculosidade, nos termos da Norma Regulamentadora — NR-16, não podem ser eliminadas por equipamentos de proteção individuais ou coletivos. A eliminação exige a substituição dos produtos inflamáveis por produtos não inflamáveis ou das condições de trabalho que eliminem as atividades perigosas e as áreas de risco.

Concluímos que os adicionais não constituem direito adquirido e, se forem eliminadas as causas, somente serão devidos, os respectivos adicionais, enquanto perdurarem os riscos para o trabalhador; caso contrário, será devido o adicional, enquanto não cessarem os riscos.

---

(278) CUNHA, Maria Inês S. A. da. *Op. cit.*, p. 172.
(279) MARTINS, Sérgio Pinto. *Comentários à CLT*. 3. ed. São Paulo: Atlas, 2000. p. 228.

5. CUMULATIVIDADE DOS ADICIONAIS

5.1. Da legislação em vigor e da doutrina

Os juristas e os aplicadores do direito interpretam o § 2º, do art. 193, da Consolidação das Leis do Trabalho de forma equivocada.

Diz esse parágrafo: "O empregado poderá optar pelo adicional de insalubridade que por ventura lhe seja devido".

Importante salientar que a opção dos adicionais de periculosidade e de insalubridade originou-se na Lei n. 2.573, de 15 de agosto de 1955, regulamentada pelo Decreto n. 40.119, de 15 de outubro de 1956, ambos revogados pela Lei n. 6.514/77.

A Lei n. 2.573/55 instituiu o salário adicional para os trabalhadores que prestavam serviços em contato permanente com inflamáveis em condições de periculosidade, cujo art. 5º mencionava: "Os trabalhadores beneficiados pela presente lei poderão optar pela cota de insalubridade que por ventura lhes seja devida".

O Decreto n. 40.119/56 que regulamentou a citada lei, em seu art. 11, estatuía que "aos trabalhadores beneficiados por este decreto fica assegurado o direito de optar pela remuneração adicional ou pela cota de previdência, que porventura lhes sejam devidas, não podendo, entretanto, acumular esses benefícios."

A maioria dos juristas e dos aplicadores do direito interpreta que o referido dispositivo legal indica a incompatibilidade da acumulação dos dois adicionais, devendo o trabalhador optar por aquele que lhe seja mais favorável.

Vale esclarecer que com a ratificação e vigência nacional da Convenção da Organização Internacional do Trabalho (OIT) n. 155, o § 2º, do art. 193, da Consolidação das Leis do trabalho (CLT), foi revogado pela letra "b", do art. 11, da citada convenção, determinando-se que deverão ser considerados os riscos para a saúde decorrente da exposição simultânea a diversas substâncias ou agentes.[280]

O parágrafo segundo do referido artigo[281] usa a expressão "poderá", ou seja, é uma faculdade e não uma determinação proibitiva de cumulação de adicionais.

---

(280) OLIVEIRA, Sebastião Geraldo de. *Proteção jurídica à saúde do trabalhador*. 2. ed. São Paulo: LTr, 1998. p. 287.

(281) BRASIL. A redação do § 2º, do art. 193 da Consolidação das Leis do Trabalho — CLT, é a mesma do item 16.2.1., da Norma Regulamentadora — NR-16: "O empregado poderá optar pelo adicional de insalubridade que porventura lhe seja devido."

O entendimento doutrinário sobre este parágrafo é no sentido de que, se o trabalhador estiver exposto aos riscos da insalubridade e da periculosidade, terá de optar pelo recebimento de um só dos adicionais.[282]

Há, ainda, o entendimento de que o adicional de periculosidade não pode coexistir com o da insalubridade e, com fundamento nos termos do art. 193, § 2º, da Consolidação das Leis do Trabalho (CLT), havendo periculosidade e insalubridade no ambiente de trabalho, o obreiro deverá optar por um dos adicionais, visto que é vedada a acumulação.[283]

No mesmo diapasão, advertem os doutrinadores que se deve observar que o trabalhador não pode receber concomitantemente o adicional de insalubridade e o de periculosidade. O empregado pode optar por um dos dois adicionais.[284]

Com relação à opção, esta cabe ao trabalhador e não ao empregador, podendo o primeiro escolher o adicional que quiser, na hipótese de serem devidos os dois, inclusive o pior, ou seja, o que lhe for menos favorável. Não poderá, porém, haver o pagamento dos dois adicionais ao mesmo tempo.[285]

Porém, na prática, o trabalhador opta pelo adicional que lhe for mais favorável economicamente.

Há vários tipos de adicionais em nossa legislação. Adicional noturno, adicional de horas extras, adicional de transferência, entre outros.

A regra geral aplicada para compensar, separadamente, cada condição adversa, é a cumulação dos respectivos adicionais. No caso do obreiro trabalhar à noite, em sobrejornada, receberá o adicional das horas extras e o adicional noturno; se for transferido e laborar em local perigoso, receberá os adicionais de transferência e de periculosidade, cumulativamente.[286]

Entretanto, como podemos verificar pela análise no campo doutrinário, no caso do trabalhador estar exposto a agentes insalubres diversos (ruídos excessivos, calor, radiações, vibrações, frio, umidade, agentes químicos e biológicos, entre outros) e agentes perigosos diversos (inflamáveis, explosivos, energia elétrica, roubos ou outras espécies de violência física nas atividades profissionais de segurança pessoal ou patrimonial) a cumulação não poderia ocorrer, devendo o

---

(282) SÜSSEKIND, Arnaldo. *Direito constitucional do trabalho*. Rio de Janeiro: Renovar, 1999. p. 237. No mesmo sentido: GONÇALVES, Victor. *Advocacia trabalhista em primeiro grau*. 2. ed. São Paulo: Saraiva, 1998. p. 109

(283) CUNHA, Maria Inês S. A. da. *Direito do trabalho*. 2. ed. São Paulo: Saraiva, 1997. p. 172

(284) COSTA, José de Ribamar da. *Noções de direito do trabalho*. São Paulo: LTr, 1978. p. 56. No mesmo sentido: MARTINS FILHO, Ives Gandra da Silva. *Manual esquemático de direito e processo do trabalho*. 5. ed. São Paulo: Saraiva, 1997. p. 35.

(285) MARTINS, Sérgio Pinto. *Comentários à CLT*. 3. ed. São Paulo: Atlas, 2000. p. 227. No mesmo sentido: ALMEIDA, Jair José de. *Op. cit.*, p. 33.

(286) OLIVEIRA, Sebastião Geraldo de. *Proteção jurídica à saúde do trabalhador*. 2. ed. São Paulo: LTr, 1998. p. 284.

trabalhador optar pelo recebimento do adicional de periculosidade ou do adicional de insalubridade, o qual lhe fosse mais favorável.

A maioria dos doutrinadores afirma que a cumulação do adicional de insalubridade com o de periculosidade é vedada pela legislação e, por isso, não admite a cumulação de adicionais.

No campo doutrinário, à época do primeiro estudo, encontramos apenas uma obra divergente das outras doutrinas em matéria de cumulatividade de adicionais[(287)].

Todavia, esta obra, de autoria do Desembargador do Trabalho do TRT-3, Sebastião Geraldo de Oliveira[(288)], divergia dos demais doutrinadores tratando resumidamente de adicionais cumulativos, reconhecendo que, se o trabalhador estiver exposto simultaneamente a mais de um agente insalubre, terá direito a receber tantos adicionais de insalubridade quantos forem os agentes a que estiver exposto, tomando-se por base cada anexo da Norma Regulamentadora — NR-15, da Portaria n. 3.214/78, do Ministério do Trabalho.

Admite, ainda que vagamente, a possibilidade de cumulação do adicional de insalubridade com o da periculosidade.[(289)]

Atualmente encontramos alguns artigos que também admitem a cumulatividade dos adicionais de insalubridade e periculosidade, mas tal entendimento ainda não é majoritário.

Neste presente estudo reforçamos a importância do amadurecimento no entendimento dos doutrinadores e aplicadores do Direito quanto à cumulatividade dos adicionais, uma vez que a insalubridade diz respeito às condições prejudiciais à saúde do trabalhador e a periculosidade sobre o risco de vida ao qual o trabalhador está exposto, ou seja, dizem respeito a bens jurídicos diversos: saúde x vida.

"São bens jurídicos a vida, a liberdade, a propriedade, o casamento, a família, a honra, a saúde, enfim, todos os valores importantes para a sociedade"[(290)] e ainda, "bens jurídicos são valores éticos sociais que o Direito seleciona, com o objetivo de assegurar a paz social, e coloca sob a sua proteção para que não sejam expostos a perigo de ataque ou a lesões efetivas."[(291)]

---

(287) OLIVEIRA, Sebastião Geraldo de. *Proteção jurídica à saúde do trabalhador.* 2. ed. São Paulo: LTr, 1998.

(288) Sebastião Geraldo de Oliveira é Desembargador do Trabalho no TRT da 3ª Região — Minas Gerais, Mestre em Direito pela UFMG, Professor do Curso de Especialização em Direito do Trabalho na Faculdade de Direito Milton Campos-MG, Autor dos livros Proteção Jurídica à Saúde do Trabalhador e Indenizações por Acidentes do Trabalho ou Doença Ocupacional.

(289) OLIVEIRA, Sebastião Geraldo de. *Proteção jurídica à saúde do trabalhador*. 2. ed. São Paulo: LTr, 1998. p. 284-286.

(290) TELES, Ney Moura. *Direito penal*: parte geral. V. 4. São Paulo: Atual, 2004. p. 46.

(291) TOLEDO, Francisco de Assis. *Princípios básicos de direito penal*. Saraiva: São Paulo, 1994. p. 16.

Vida, saúde e dignidade são bens jurídicos fundamentais do ser humano. A saúde é considerada um direito fundamental, conforme disposto no art. 6º da Constituição. Outras normas constitucionais garantem o direito à vida e à integridade física (art. 5º).(292)

5.2. Do entendimento jurisprudencial

A regra majoritária utilizada por nossos tribunais não difere muito da maioria dos doutrinadores, mas encontramos desde o primeiro estudo algumas divergências jurisprudenciais que, embora minoritárias, dão guarida à nossa tese.

Os aplicadores do direito justificam seus entendimentos no sentido de que a lei é que impede a cumulação dos adicionais de insalubridade e periculosidade, por estrita observância da não incidência de um adicional sobre outro, imputando ao trabalhador a opção, no caso de sua atividade achar-se caracterizada entre as duas hipóteses de proteção legal (art. 193, § 2º).(293)

Interpretam que a cumulatividade dos adicionais é vedada pela legislação.(294)

Afirmam que estando presentes as condições insalubres e condições perigosas no ambiente de trabalho do obreiro, deve ser-lhe deferida a maior vantagem, evidenciando, em regra, que o adicional de periculosidade é financeiramente mais vantajoso e deve ser observado o princípio da regra mais benéfica.(295)

Para a jurisprudência majoritária, não há amparo na lei para acumulação de adicional de insalubridade pela constatação de agentes insalubres com o de periculosidade, sendo esta a justificativa para a não concessão da cumulatividade dos adicionais.

O posicionamento majoritário é no sentido de que, quando a prova pericial constatar a existência do adicional de periculosidade, uma vez que as atividades

---

(292) TEIZEN JÚNIOR, Augusto Geraldo. *A função social no Código Civil.* São Paulo: Revista dos Tribunais, 2004. p. 132 e 169.

(293) TRT DA 3ª REGIÃO. Recurso ordinário n. 0060/98 — relator Juiz Nereu Nunes Pereira, publicado no DJMG em 7.8.1998, p. 12. No mesmo sentido: TRT DA 3ª REGIÃO. Recurso ordinário n. 19.980/99, relator Juiz Fernando Procópio de Lima Netto, julgado em 5.6.00, publicado no DJMG em 30.6.2000, p. 06; TRT DA 3ª REGIÃO. Mandado de segurança n. 71/94, Acórdão n. 21.659/95, relator Juiz Nereu Nunes Pereira, julgado em 6.4.94, publicado no DJ em 28.6.95, p. 27.

(294) TRT DA 3ª REGIÃO. Recurso ordinário n. 9.841/95, relator: Juiz Washington Maia Fernandes, publicado no DJMG em 25.11.1995, p. 3; TRT DA 3ª REGIÃO. Recurso ordinário n. 18.389/99, relator Juiz Júlio Bernardo do Carmo, julgado em 5.4.2000, publicado no DJMG em 29.4.2000, p. 21.

(295) TRT DA 3ª REGIÃO. Recurso ordinário n. 19980/99, relator Juiz Fernando Procópio de Lima Netto, julgado em 5.6.2000, publicado no DJMG em 30.6.2000, p 6; No mesmo sentido: TRT DA 3ª REGIÃO. Recurso ordinário n. 3.404/87, Relator/Revisor Juiz Gabriel de Freitas Mendes, publicado no DJMG em 22.1.1988; p. 14. TRT DA 3ª REGIÃO. Recurso ordinário n. 4.722/87, Relator/Revisor Juiz Nilo Álvaro Soares, Publicado no DJMG em 8.4.1988, p. 7.

do trabalhador são desenvolvidas em área considerada de risco, nos termos do Anexo 2 da Norma Regulamentadora NR-16, da Portaria n. 3214/78, e o adicional de insalubridade por exposição a agentes insalubres, previsto na NR-15, da Portaria mencionada, é imposta a opção pelo recebimento de um ou outro adicional por ser:

> [...]vedado o pagamento simultâneo do adicional de insalubridade, no grau médio, e do adicional de periculosidade e, sendo este último mais benéfico ao trabalhador, defere o pagamento do adicional de periculosidade ao obreiro, à razão de 30% sobre a sua remuneração, com reflexos.(296)

Todavia, em sentido contrário, encontramos algumas (raras) jurisprudências, favoráveis à cumulação dos adicionais, quando na realização da perícia, se já apurado mais de um agente insalubre nas atividades do obreiro, impondo, desta forma, o pagamento dos adicionais correspondentes, cumulativamente, visto que, neste caso, os riscos à saúde são também multiplicados.(297)

Esses entendimentos jurisprudenciais afirmam que, quando apurado por laudo pericial a existência de dois agentes insalubres, é devido o pagamento dos adicionais correspondentes, cumulativamente, vez que também são multiplicados os riscos à saúde do obreiro e que a Portaria n. 3.214/78 quando aprovou as normas regulamentadoras do adicional de insalubridade, proibindo a acumulação de mais de um agente insalubre, excedeu de sua competência, porque estabeleceu restrição a direito não previsto na lei. Por outro lado, o pagamento de apenas um adicional, quando são dois ou mais agentes insalubres, incentiva a manutenção de um ambiente de trabalho agressivo à saúde do trabalhador. (298)

Outra justificativa favorável à cumulação dos adicionais é que, encontrados dois agentes insalubres, os trabalhadores deverão receber dois adicionais, para se proteger a saúde que estará em maior exposição ao risco e evitar o locupletamento ilícito(299).

Pelo mesmo motivo, admite-se a cumulatividade dentro do mesmo adicional, como exemplo, a exposição do trabalhador a dois ou mais agentes insalubres, obviamente, deverá ser permitida também a cumulação de dois adicionais diferentes, ou seja, adicional de insalubridade, que visa compensar os danos causados à saúde do trabalhador e o adicional de periculosidade que visa compensar o risco à vida do trabalhador.

---

(296) TRT DA 4ª REGIÃO. Recurso ordinário n. 00823.461/97-1, Acórdão n. 00823.461/97-1, Relator Juiz Ari da Silva Mattos, julgado em 1º.12.99, publicado no DJ em 24.1.2000, p. 6.

(297) TRT DA 3ª REGIÃO. Recurso ordinário n. 794/91, relator/revisor Juiz Paulo Roberto Sifuentes Costa, publicado no DJMG em 6.12.1991, p. 3.

(298) TRT DA 3ª REGIÃO. Recurso ordinário n. 6.530/93, Relator/Revisor Juiz Abel Nunes da Cunha, julgado em 11.5.94, publicado no DJMG em 7.6.1994, p. 4.

(299) TRT DA 3ª REGIÃO. Recurso ordinário n. 2.128/91, Relator Juiz Dárcio Guimarães de Andrade, publicado no DJMG em 18.10.91, p. 6.

Importante destacar que, atualmente, conforme mencionamos acima, após mais de uma década o TST acolheu a cumulatividade dos adicionais de insalubridade e periculosidade ao proferir o acórdão no processo n. 0001072.72-2011-5-020-384 e manter irretocável a decisão do TRT da 2ª Região que reconheceu a possibilidade de cumulatividade dos adicionais de insalubridade e periculosidade.

Todavia, esta evolução sobre a cumulatividade dos adicionais não é unânime nos Tribunais Regionais e nem mesmo no Tribunal Superior do Trabalho. Assim, ainda resta o amadurecimento de muitos juristas e aplicadores do direito quanto ao reconhecimento da cumulação dos adicionais mencionados, quando o trabalhador estiver exposto a agentes insalubres e perigosos ao mesmo tempo.

5.3. Perícia e verificação judicial

Importante, neste momento, fazerem-se breves considerações de que os adicionais, quer de insalubridade, quer de periculosidade, são apurados por meio de perícia, por engenheiro ou médico do trabalho, nomeados pelo juiz.

Os adicionais de periculosidade e insalubridade são devidos após a constatação por perícia a cargo do engenheiro ou médico do trabalho e são reclamáveis perante a Justiça do Trabalho, nos últimos 5 anos de labor, respeitado o prazo prescricional de 2 anos para ajuizamento da ação. A perícia é determinada pelo juiz do feito.[300]

Quando faltar conhecimento ao juiz, este deverá indicar um técnico que possa fazer o exame dos fatos objetos da causa, transmitindo esses conhecimentos ao magistrado, por meio de um parecer que recebe o nome de *perícia*.[301]

Na Consolidação das Leis do Trabalho (CLT), está previsto, no art. 195, que a caracterização do adicional de insalubridade, de acordo com as normas do Ministério do Trabalho, será constatada através de perícia a cargo do médico ou engenheiro do trabalho, registrados no Ministério do Trabalho.

As partes, querendo, poderão indicar assistentes técnicos e apresentar quesitos.

Não há na lei disposição de que a perícia de insalubridade deva ser realizada por médico e a de periculosidade por engenheiro.

Pode a perícia ser realizada tanto por médico como por engenheiro do trabalho, conforme preceitua o art. 195 da Consolidação das Leis do Trabalho — CLT.

---

(300) GONÇALVES, Victor. *Advocacia trabalhista em primeiro grau*. 2. ed. revista e atual. São Paulo: Saraiva, 1998. p. 106.

(301) MARTINS, Sérgio Pinto. *Direito processual do trabalho*. 13. ed. São Paulo: Atlas, 2000. p. 305.

A opção mencionada pelo artigo é alternativa, ou seja, a lei diz que a perícia será realizada por engenheiro ou médico do trabalho.

O perito, nomeado pelo juiz, é um auxiliar da justiça, na busca da verdade, fornecendo elementos que ajudarão o juiz a formar sua convicção sobre a lide.

Sua função precípua é de assessorar tecnicamente o juiz e levar ao seu conhecimento as reais condições do ambiente de trabalho do reclamante, por meio de um laudo pericial conclusivo e convincente, com o seu respectivo e obrigatório embasamento técnico e legal.(302)

A perícia deve versar sobre fatos e não sobre questões jurídicas, ainda que tais fatos sejam especiais, em razão das suas condições técnicas, artísticas ou científicas, quer dizer, quando verificação, valoração ou interpretação não seja possível com os conhecimentos ordinários de pessoas medianamente cultas e de juizes cuja preparação é fundamentalmente jurídica. Entre os deveres do perito, ele deverá "agir como um auxiliar da Justiça na busca da verdade".(303)

O perito, após a aceitação de sua nomeação, assume o compromisso de apurar a verdade, sob pena de arcar com as penalidades previstas no art. 147(304) do Código de Processo Civil e no art. 342(305) do Código Penal.

Assim, claramente percebemos que o direito tem como objetivo alcançar a *justiça*, sendo certo ainda que o Direito é uma ciência e, como ciência, tem seus princípios, que devem ser compreendidos por todos aqueles que têm a obrigação de conviver com ele, na elaboração, na execução ou na fiscalização do seu cumprimento.

Entretanto, se a perícia exigir conhecimentos técnicos que só o médico ou só o engenheiro possuam, deverá ser realizada apenas por um deles e não pelo outro e, quando não necessitar de conhecimentos especializados em determinado assunto, a perícia de insalubridade ou de periculosidade poderá ser realizada tanto pelo engenheiro como pelo médico.(306)

---

(302) CASTELLO FILHO, Orlando. É nula a perícia. *Revista CIPA,* São Paulo, ano XXI, n. 244, p. 104, mar. 2000.

(303) NASCIMENTO, Amauri Mascaro. *Curso de direito processual do trabalho*. 9. ed. São Paulo: Saraiva, 1988. p. 215-217.

(304) CPC, art. 147. O perito que, por dolo ou culpa, prestar informações inverídicas, responderá pelos prejuízos que causar à parte, ficará inabilitado, por 2 (dois) anos, a funcionar em outras perícias e incorrerá na sanção que a lei penal estabelecer.

(305) CP, art. 342. Fazer afirmação falsa, ou negar ou calar a verdade como testemunha, perito, contador, tradutor ou intérprete em processo judicial, ou administrativo, inquérito policial, ou em juízo arbitral. Pena — reclusão, de 2 (dois) a 4 (quatro) anos, e multa. § 1º As penas aumentam-se de um sexto a um terço, se o crime é praticado mediante suborno ou se cometido com o fim de obter prova destinada a produzir efeito em processo penal, ou em processo civil em que for parte entidade da administração pública direta ou indireta. § 2º O fato deixa de ser punível se, antes da sentença no processo em que ocorreu o ilícito, o agente se retrata ou declara a verdade.

(306) MARTINS, Sérgio Pinto. *Direito processual do trabalho*. 13. ed. São Paulo: Atlas, 2000. p. 306.

A jurisprudência já apreciou que, quando na perícia houver a necessidade de um exame médico, o engenheiro evidentemente não poderia realizá-lo, pois não tem conhecimentos médicos ou, se exigir conhecimentos técnicos que somente o engenheiro possui, é óbvio que o médico não poderá emitir parecer a respeito, sendo certo que, nestes casos, deverá ser nomeado o perito mais habilitado para cada caso em especial. Versando a perícia sobre pontos de conhecimentos de ambos, a perícia poderá ser realizada por um ou outro.[307]

A perícia técnica deverá ser realizada para apuração das condições insalubres e perigosas no ambiente de trabalho do obreiro e de suas atividades na empresa conforme dispõe o art. 195[308] da CLT.

Todavia, a realização da prova técnica é dispensada[309] quando o empregador efetua por mera liberalidade o pagamento do adicional de periculosidade, ainda que de forma proporcional ao tempo de exposição ou em percentual inferior ao legalmente previsto, uma vez que torna incontroverso o labor em condições periculosas.

A Súmula n. 293 do TST reconhece que a "verificação mediante perícia de prestação de serviços em condições nocivas, considerado agente insalubre diverso do apontado na inicial, não prejudica o pedido de adicional de insalubridade".

É comum ser apurado em laudo pericial que o trabalhador estava exposto simultaneamente a agentes insalubres e periculosos.

5.4. *Estudo de casos práticos*

Na prática da advocacia, nos deparamos, nos últimos anos de atividade profissional à época do primeiro estudo, com laudos periciais realizados em reclamações trabalhistas, que apuraram que o obreiro trabalhou simultaneamente em condições insalubres e perigosas, como também outros tantos laudos que somente constataram a existência de um ou de outro adicional.

---

(307) TST. Acórdão n. 10.400/97, relatora Ministra Regina Rezende Ezequiel, publicado no DJ em 13.2.98, p. 217.

(308) Art. 195 da CLT — A caracterização e a classificação da insalubridade e da periculosidade, segundo as normas do Ministério do Trabalho, far-se-ão através de perícia a cargo de Médico do Trabalho ou Engenheiro do Trabalho, registrados no Ministério do Trabalho.

(309) "Súmula n. 453 do TST. Adicional de periculosidade. Pagamento espontâneo. Caracterização de fato incontroverso. Desnecessária a perícia de que trata o art. 195 da CLT. (Conversão da Orientação Jurisprudencial n. 406 da SBDI-1 — Res. 194/2014, DJ 21.5.2014). O pagamento de adicional de periculosidade efetuado por mera liberalidade da empresa, ainda que de forma proporcional ao tempo de exposição ao risco ou em percentual inferior ao máximo legalmente previsto, dispensa a realização da prova técnica exigida pelo art. 195 da CLT, pois torna incontroversa a existência do trabalho em condições perigosas."

Pedimos licença para citar alguns desses laudos, apresentados em reclamação trabalhista, nos quais tivemos participação como profissional do direito, na qualidade de advogada de uma das partes, respeitando o sigilo profissional quanto a não identificação das partes envolvidas nos autos do processo.

Exemplo 1: Adicional de Insalubridade por exposição a ruído, além do permitido pela legislação, e adicional de periculosidade por inflamáveis. Apurados os dois (02) adicionais[(310)].

Nos autos da reclamação trabalhista n. 1.256/98, em trâmite perante a Egrégia 2ª Vara do Trabalho de Americana, que J.E.G. promove em face de P.S/A., foram pleiteados o adicional de insalubridade por exposição a ruídos excessivos que ocasionaram perda auditiva ao trabalhador e o adicional de periculosidade por exposição a agentes inflamáveis e perigosos.

Determinada a realização de perícia para elaboração de laudo técnico, foi nomeado o perito engenheiro do trabalho E.C.F., que apurou o trabalho do obreiro em condições insalubres e perigosas.

Quanto à insalubridade, asseverou que, após proceder aos necessários exames locais e verificar o processo de trabalho, constatou que o trabalhador exercia suas atividades em locais onde o nível de ruído, além de permanente, é elevado, expondo o mesmo à ação nociva de ruídos patológicos.

Menciona que o ruído ocupacional configura quase sempre situações críticas, causadoras de processos de ensurdecimento ou afetações neuro fisiológicas e que pensar na hipótese de que o equipamento de proteção individual (EPI), resolve todos os problemas relacionados com agentes insalutíferos, "é uma ideia simplista", pois é preciso saber que "uso de EPI" não é sinônimo de "uso útil ou adequado".

Foi apurado ainda no exame de audiometria do trabalhador que houve um agravo na audição do mesmo, por exposição ocupacional sistemática a níveis elevados de pressão sonora.

Neste laudo pericial concluiu o perito judicial que:

(a) Quanto ao adicional de insalubridade, concluiu o *expert* que a insalubridade deve ser dada ao reclamante J.E.G., caracterizada em face da exposição a ruído, do dano fisiológico (agravo auditivo sofrido) (...) em consonância com a Portaria n. 3.214/78, Norma Regulamentadora — NR-15, Anexo 1, ruído elevado — insalubridade em grau médio.

(b) Quanto ao adicional de periculosidade, foi constatado que o trabalhador executava trabalhos em área de produção da empresa que apresenta

(310) No mesmo sentido: reclamação trabalhista n. 004/2000-2, em trâmite perante a Egrégia 1ª Vara do Trabalho de Americana, que A.D.A.P. promove em face de P.L.

condições de periculosidade, devido à utilização, durante o processo industrial, de quantidade elevada de substância altamente inflamável (metanol cujo ponto de fulgor é 12,2°C).

O perito judicial conclui que a periculosidade está presente na atividade e operação desenvolvida pelo reclamante J.E.G., pois o trabalho que realizava não era livre de riscos devido a inflamável, acarretando-lhe risco (à incolumidade). O trabalhador estava "exposto a risco devido a inflamável capaz de provocar sua morte, incapacidade, ou danos irreversíveis à sua saúde".

Assim, o laudo pericial elaborado nesta reclamação trabalhista apurou o adicional de insalubridade em grau médio, bem como o adicional de periculosidade por exposição a agentes inflamáveis, por estar exposto o trabalhador a agentes insalubres e a agentes perigosos.

Exemplo 2 — Adicional de periculosidade por exposição a ruído excessivo, além do permitido pela Lei, e adicional de periculosidade por inflamáveis e periculosidade elétrica. Apurados os três (03) adicionais.

Nos autos da reclamação trabalhista n. 1.257/98, em trâmite perante a Egrégia 2ª Vara do Trabalho de Americana, que M.H. promove em face de P.S/A., e AZ Ltda. foram pleiteados o adicional de insalubridade por exposição a ruídos excessivos que ocasionaram perda auditiva ao trabalhador e o adicional de periculosidade por exposição a agentes inflamáveis e perigosos, além de periculosidade elétrica.

Determinada a realização de perícia para elaboração de laudo técnico, foi nomeado o perito engenheiro do trabalho E.C.F., que apurou o trabalho do obreiro em condições insalubres e perigosas, tanto por exposição a agentes inflamáveis, como por periculosidade elétrica, senão vejamos:

(a) Quanto ao adicional de insalubridade, a apuração foi idêntica ao exemplo n. 1, citado anteriormente, ou seja, ficou caracterizado o trabalho insalubre do obreiro M. H. "em face da exposição a ruído, do dano fisiológico (agravo auditivo sofrido) (...) com fundamento na Portaria n. 3.214/78, Norma Regulamentadora — NR-15, Anexo 1, ruído elevado — insalubridade em grau médio."

(b) Quanto ao adicional de periculosidade por inflamáveis e periculosidade elétrica, foi apurado que o trabalhador executava trabalhos em área de produção da empresa que apresenta condições de periculosidade, devido à utilização, durante o processo industrial, de quantidade elevada de substância altamente inflamável, bem como a atividade desenvolvida pelo trabalhador não era livre de riscos elétricos, pois exercia a função de assistente de manutenção elétrica, realizando manobras, manutenção corretiva e inspeção em equipamentos e instalações elétricas.

Conclui o vistor que a periculosidade existe na atividade e operação desenvolvida pelo reclamante M.H., pois o trabalho que realizava não era livre de riscos elétricos e de inflamável, acarretando-lhe risco (à incolumidade). Esclarece que as tensões elétricas de operação ou de utilização são em níveis superiores aos dos previstos na norma.

O trabalhador estava "exposto a risco devido a inflamável e por tensão elétrica capaz de provocar sua morte, incapacidade, ou danos irreversíveis à sua saúde".

O laudo pericial elaborado nessa reclamação trabalhista apurou o adicional de insalubridade em grau médio, por exposição do trabalhador a ruídos excessivos, além do permitido pela legislação, bem como exposição a agentes inflamáveis e periculosidade elétrica.

Exemplo 3 — Adicional de Insalubridade por exposição a ruído, além do permitido pela legislação, e adicional de periculosidade por inflamáveis. Apurado os dois (02) adicionais.

Nos autos da reclamação trabalhista n. 1788/99-5, em trâmite perante a Egrégia 1ª Vara do Trabalho de Americana, que L.W. promove em face de S/A. T.N.O., foram pleiteados o adicional de insalubridade por exposição a ruídos excessivos que ocasionaram perda auditiva ao trabalhador e o adicional de periculosidade por exposição a agentes inflamáveis e perigosos.

Determinada a realização de perícia para elaboração de laudo técnico, foi nomeado o perito engenheiro do trabalho C.D.O., que apurou o trabalho do obreiro em condições insalubres e perigosas.

Neste laudo pericial concluiu o perito judicial que:

(a) Quanto à insalubridade, constatou o *expert* que o obreiro estava exposto a ruídos excessivos, tendo em vista que o levantamento dos níveis de pressão sonora indicou níveis de ruídos elevados, contínuos e superiores a 85 dB(A), superiores aos limites de tolerância de acordo com o Anexo n. 1, da NR-15, da Portaria n. 3.214/78.

O obreiro trabalhava em local de ruídos elevados, níveis de 90 dB(A), que caracterizam insalubridade. E, comprovada a perda auditiva, por meio dos exames audiométricos, juntados com a inicial, devido o adicional de insalubridade, em grau médio, devido aos níveis de ruído, pois os protetores auriculares não atenuaram os ruídos existentes.

(b) Quanto ao adicional de periculosidade, foi constatado que o trabalhador exercia atividades perigosas devido a inflamáveis pois, no exercício de suas atividades, tinha contato permanente com inflamáveis em condições de risco acentuado, art. 193, da Consolidação das Leis do Trabalho (CLT), por exercer atividades em área de risco, de acordo com o Anexo 2, da NR-16, da Portaria n. 3.214/78, trabalhando em condições de periculosidade.

Assim, o laudo pericial elaborado nesta reclamação trabalhista apurou o adicional de insalubridade em grau médio, bem como o adicional de periculosidade por exposição a agentes inflamáveis, por estar exposto o trabalhador, simultaneamente, a agentes insalubres e a agentes perigosos.

Exemplo 4: Adicional de Insalubridade por exposição a intempéries, nos locais de trabalho, e adicional de periculosidade por inflamáveis. Apurados os dois (02) adicionais.

Nos autos da reclamação trabalhista n. 1.465/97-2, em trâmite perante a Egrégia Vara do Trabalho de Limeira, que J.D.S.D.S. e L.A.D.S. promovem em face de R.S.A.C.P., foram pleiteados o adicional de insalubridade por exposição a intempéries, nos locais de trabalho dos obreiros, e o adicional de periculosidade por adentrarem e exercerem suas atividades em condições de risco acentuado.

Determinada a realização de perícia para elaboração de laudo técnico, foi nomeado o perito engenheiro do trabalho J.R.R., que apurou o trabalho dos obreiros em condições insalubres e perigosas.

Neste laudo pericial concluiu o perito judicial que:

(a) Quanto à insalubridade, asseverou que os trabalhadores desenvolviam suas atividades em condições de insalubridade de grau médio, devido à exposição às intempéries, nos locais de trabalho, que lhe asseguram o direito à percepção do adicional de 20%, incidente sobre o salário.

(b) Quanto ao adicional de periculosidade, foi constatado que os obreiros executavam trabalhos em condições perigosas de acordo com o Anexo 2 da NR-16 da Portaria n. 3.214/78.

Assim, o laudo pericial elaborado nesta reclamação trabalhista apurou o adicional de insalubridade em grau médio, bem como o adicional de periculosidade por exposição a agentes inflamáveis, por estarem expostos os trabalhadores a agentes insalubres e a agentes perigosos.

Exemplo 5 — Adicional de insalubridade por exposição a ruído, além do permitido pela legislação, e adicional de periculosidade por inflamáveis. Apurado apenas um (01) adicional.[311]

Nos autos da reclamação trabalhista n. 940/1999-0, em trâmite perante a Egrégia 1ª Vara do Trabalho de Americana, que A.B.B promove em face de P.S/A., foram pleiteados o adicional de insalubridade por exposição a ruídos excessivos e o adicional de periculosidade por exposição a agentes inflamáveis e perigosos.

---

(311) No mesmo sentido a Reclamação trabalhista n. 0002/97-9, que J.A.B. promove em face de P.S/A., em trâmite perante a Egrégia 2ª Vara do Trabalho de Americana.

Determinada a realização de perícia para elaboração de laudo técnico, foi nomeado o perito engenheiro do trabalho E.C.F., que apurou o trabalho do obreiro somente em condições perigosas, nos seguintes termos:

(a) Quanto ao adicional de insalubridade, asseverou que o trabalhador não desenvolveu atividade e operação insalubre nos termos da legislação pertinente pois, o contato com o agente insalutífero foi neutralizado pelo uso de equipamento de proteção individual.

b) Quanto ao adicional de periculosidade, foi constatado que o trabalhador executava trabalhos em área de produção da empresa que apresenta condições de periculosidade, devido à utilização, durante o processo industrial, de quantidade elevada de substância altamente inflamável (metanol cujo ponto de fulgor é 12,2ºC), bem como por adentrar em depósito de inflamáveis.

O perito judicial conclui que a periculosidade deve ser dada como existente na atividade e operação desenvolvida pelo obreiro A.B.B., pois o trabalho que realizava não era livre de riscos devido a adentrar e realizar trabalhos em áreas de risco de inflamável, acarretando-lhe risco (à incolumidade). O trabalhador realizou trabalhos em condições de risco acentuado, cuja periculosidade é inerente aos trabalhos realizados em área de risco devido à substância altamente inflamável.

Assim, o laudo pericial elaborado nesta reclamação trabalhista apurou apenas o adicional de periculosidade por exposição a agentes inflamáveis, por adentrar e realizar trabalhos em áreas perigosas, excluindo o adicional de insalubridade por ter o mesmo sido neutralizado pelo uso de EPI.

Exemplo 6 — Adicional de insalubridade por exposição a agentes químicos e adicional de periculosidade por inflamáveis.

Nos autos da reclamação trabalhista n. 0010319-95.2013.5.15.0012, em trâmite perante a Egrégia 1ª Vara do Trabalho de Piracicaba/SP, que C.B. promove em face de H.M.B.M.D.A.LTDA., foram pleiteados o adicional de insalubridade por exposição a agentes insalubres e o adicional de periculosidade por exposição a agentes inflamáveis e perigosos.

Determinada a realização de perícia para elaboração de laudo técnico, foi nomeado o perito engenheiro do trabalho G.J.C., que apurou o trabalho do obreiro em condições de insalubridade grau máximo (40%) e em condições periculosas.

(a) Quanto ao adicional de insalubridade, asseverou que: INSALUBRIDADE. De acordo com os Anexos e o Quadro Graus de Insalubridade, todos da NR-15 da Portaria n. 3.214/1978 e o art. 192 da CLT, as atividades desenvolvidas pelo Reclamante se enquadram naquelas consideradas insalubres pelo: Anexo n. 13 — Agentes Químicos/Qualitativo — em grau máximo (adicional de 40%), em todo o período imprescrito".

b) Quanto ao adicional de periculosidade, foi constatado que: PERICULOSIDADE. De acordo com a Lei n. 12.740/2012; o art. 193 da CLT; as atividades desenvolvidas pelo Autor se enquadram naquelas consideradas perigosas pelo: Anexo n. 2 da NR-16 — Atividades e Operações Perigosas com Inflamáveis. Conforme o § 1º do art. 193 da CLT: "o trabalho em condições de periculosidade assegura ao empregado um adicional de 30% (trinta por cento)", em todo o período imprescrito.

Assim, o laudo pericial elaborado nesta reclamação trabalhista apurou que o reclamante faz jus ao adicional de insalubridade (grau máximo), bem como ao adicional de periculosidade.

Ainda não há sentença proferida, uma vez que o processo encontra-se na fase de instrução.

Motivação

Como vimos nos exemplos acima, muitos obreiros trabalham ao mesmo tempo em condições insalubres e perigosas.

A constatação de que diversos trabalhadores laboram ao mesmo tempo em condições insalubres que lhes acarretam prejuízos à sua saúde e em condições de periculosidade que lhes ocasionam danos à sua vida e integridade física é que nos motivou a defender a hipótese da cumulatividade dos adicionais.

Por isso, defendemos que é plenamente admissível a cumulatividade dos adicionais de insalubridade e de periculosidade quando, ao mesmo tempo, o trabalhador estiver exposto a agentes insalubres e perigosos, devendo, pois, ser-lhe garantida a cumulatividade do adicional de insalubridade com o de periculosidade, bem como, do adicional de insalubridade por vários agentes.

Esse entendimento está se solidificando no meio jurídico, inclusive com a recente mudança do posicionamento do TST sobre a possibilidade da cumulação dos adicionais de insalubridade e periculosidade, mas ainda não é unânime, conforme explanamos no atual estudo.

5.5. Justificativa da cumulatividade dos adicionais

Como observamos, ainda há divergências quanto à interpretação do § 2º, do art. 193 da Consolidação das Leis do Trabalho (CLT), porquanto há entendimento no sentido de que a lei veda a cumulação de adicionais e, por outro lado, existem entendimentos, minoritários, de que a lei permite esta cumulatividade.

Por conseguinte, conforme citado anteriormente, o referido parágrafo é interpretado de forma equivocada pela maioria dos doutrinadores e profissionais do direito.

Os adicionais de insalubridade e de periculosidade foram instituídos com o objetivo de indenizar o trabalhador, quando não é possível a eliminação ou neutralização dos agentes insalubres ou por não ser possível eliminar os riscos aos quais se expõe o mesmo em virtude da prestação laboral, sendo de se salientar a imprevisibilidade do momento em que o infortúnio pode ocorrer, no caso de agentes perigosos.

Ademais, a periculosidade se distingue da insalubridade porque esta, enquanto não houver sido eliminada ou neutralizada, afeta continuadamente a saúde do trabalhador; entretanto a periculosidade corresponde apenas a um risco, que não age contra a integridade biológica do trabalhador, mas que, eventualmente (sinistro), pode atingi-lo de forma violenta.[312]

No direito do trabalho, as normas legais devem ser interpretadas e apreciadas a favor de quem o legislador pretendeu proteger. Ou seja, tratando-se de normas integrantes do direito material do trabalho, deve ser aplicada a norma mais favorável ao trabalhador[313] e o princípio interpretativo *in dubio, pro operario*[314], reconhecendo-se pois, o direito ao recebimento cumulativo dos adicionais, de insalubridade e de periculosidade .

O que se visa, no pagamento dos adicionais, quer de insalubridade, quer de periculosidade, é fornecer uma compensação econômica ao trabalhador, por ele trabalhar exposto em situação de risco, ao qual fica submetido por força do cumprimento de suas obrigações contratuais.

Uma simples portaria não pode limitar o alcance da fonte normativa primária da vantagem, no caso, os arts. 189 e 192 da CLT. Se a lei não proibiu a percepção cumulativa em decorrência da exposição concomitante, que prejudica órgãos distintos do trabalhador, não pode a portaria restringir a abrangência desta norma[315], o que levou aos entendimentos equivocados da maioria dos doutrinadores e operadores do direito.

---

(312) SÜSSEKIND, Arnaldo *et al. Instituições de direito do trabalho.* 19. ed., atual. São Paulo: LTr, 2000. v. 2, p. 923.

(313) A regra mais favorável ao trabalhador é aquela "que autoriza aplicar a disposição que mais favorece o empregado, independente dos critérios clássicos da hierarquia das fontes". OLIVEIRA, Sebastião Geraldo de. *Proteção jurídica à saúde do trabalhador*. 2. ed. São Paulo: LTr, 1998. p. 47. No mesmo sentido: "a regra de norma mais favorável determina que, no caso de haver mais de uma norma aplicável, deve-se optar por aquela que seja mais favorável, ainda que não seja a que corresponda aos critérios clássicos de hierarquia das normas". PLÁ RODRIGUEZ, Américo. *Princípios de direito do trabalho.* Tradução de Wagner Drdla Giglio. São Paulo: LTr, 1993. p. 42-43.

(314) A regra *in dubio, pro operario*, é aquela "pela qual o aplicador do direito, no caso de haver várias interpretações possíveis, deve optar por aquela que mais favoreça ao empregado". OLIVEIRA, Sebastião Geraldo de. *Op. cit.*, p. 47. No mesmo sentido: "A regra *in dubio, pro operario* é o critério que deve utilizar o juiz ou o intérprete para escolher entre vários sentidos possíveis de uma norma, aquele que seja mais favorável ao trabalhador." PLÁ RODRIGUEZ, Américo. *Op. cit.*, p. 42-43.

(315) OLIVEIRA, Sebastião Geraldo de. *Proteção jurídica à saúde do trabalhador*. 2. ed. São Paulo: LTr, 1998. p. 285.

O regulamento é ato inferior à lei, dentro da hierarquia das normas, não podendo contrariar, nem restringir ou ampliar suas disposições, sendo-lhe somente permitido explicar a lei, dentro dos limites por ela estabelecidos(316).

Aos doutrinadores e aos operadores do direito cabe interpretar a lei, na forma que o legislador a criou. Aqueles que lidam diariamente com o direito têm a obrigação de aplicar a lei de acordo com o objetivo do legislador e não apenas como mero instrumento para a solução de conflitos.

Devem-se respeitar os procedimentos científicos necessários para a comprovação dos resultados obtidos, utilizando todos os recursos disponíveis para interpretar e aplicar a lei de forma a alcançar o bem comum.

Entretanto, se não há vedação explícita na legislação sobre a impossibilidade de cumulação dos adicionais de insalubridade e periculosidade, deve-se conceder o direito da cumulatividade desses adicionais pois, estando o trabalhador exposto a diversos agentes, quer insalubres, quer perigosos, os riscos profissionais são aumentados como resultado da "exposição simultânea a vários fatores nocivos no local de trabalho".(317)

Não há razão biológica, nem lógica, e muito menos jurídica, para tal vedação. Em termos biológicos, está comprovado que a exposição simultânea a mais de um agente agressivo reduz a resistência do trabalhador, agravando-se ainda mais a situação pelo efeito sinérgico das agressões(318), isto é, a presença de agentes insalubres e de agentes perigosos no mesmo ambiente de trabalho, multiplica os danos à saúde e à vida do obreiro.

Ademais, o objetivo da norma não é apenas o pagamento de adicionais, mas sim que as empresas encontrem alternativas para redução ou neutralização dos agentes agressivos, sejam insalubres ou perigosos. A vedação da cumulatividade dos adicionais de insalubridade e de periculosidade estimula as empresas a desrespeitarem o inciso XXII, do art. 7º, da Constituição Federal, que trata sobre a redução dos riscos relativos ao trabalho.

Nesse aspecto, concordamos com o posicionamento do Desembargador do Trabalho Sebastião Geraldo de Oliveira, no ponto em que sustenta que a não cumulação dos adicionais desestimula os empresários a cumprir o mandamento constitucional (art. 7º, XXII), porque, tendo no estabelecimento um agente insalubre qualquer, outros agentes danosos poderão aparecer "que o desembolso com o adicional será o mesmo", ou seja, tendo que optar por um adicional, não

---

(316) MEIRELLES, Hely Lopes. *Direito administrativo brasileiro.* 14. ed. São Paulo: RT, 1989. p. 108.
(317) OIT. Convenção n. 148, item 3, do art. 8, da parte III, Medidas de prevenção e de proteção.
(318) OLIVEIRA, Sebastião Geraldo de. *Proteção jurídica à saúde do trabalhador*. 2. ed. São Paulo: LTr, 1998. p. 284.

importaria a quantidade de agentes insalubres presentes, corroborando para com que as empresas não busquem soluções para eliminarem ou neutralizarem os agentes agressivos e os riscos causados ao trabalhador, pois não têm um ônus maior, pagando apenas um adicional(319).

O Juiz do Trabalho Jorge Luiz Souto Maior também defende a possibilidade de cumulação dos adicionais:

> Acumulação de adicionais: como o princípio é o da proteção do ser humano, consubstanciado, por exemplo, na diminuição dos riscos inerentes ao trabalho, não há o menor sentido continuar-se dizendo que o pagamento de um adicional 'quita' a obrigação quanto ao pagamento de outro adicional. Se um trabalhador trabalha em condição insalubre, por exemplo, ruído, a obrigação do empregador de pagar o respectivo adicional de insalubridade não se elimina pelo fato de já ter este mesmo empregador pago ao empregado adicional de periculosidade pelo risco de vida a que o impôs. Da mesma forma, o pagamento pelo dano à saúde, por exemplo, perda auditiva, nada tem a ver com o dano provocado, por exemplo, pela radiação. Em suma, para cada elemento insalubre é devido um adicional, que, por óbvio, acumula-se com o adicional de periculosidade, eventualmente devido. Assim, dispõe, aliás, a Convenção n. 155, da OIT, ratificada pelo Brasil.(320)

O entendimento recente do TST no acórdão mencionado anteriormente é de que: "A previsão contida no art. 193, § 2º, da CLT, não foi recepcionada pela Constituição Federal de 1988, que, em seu art. 7º, XXIII, garantiu de forma plena o direito ao recebimento dos adicionais de penosidade, insalubridade e periculosidade, sem qualquer ressalva no que tange à cumulação, ainda que tenha remetido sua regulação à lei ordinária. A possibilidade da aludida cumulação se justifica em virtude de os fatos geradores dos direitos serem diversos. Não se há de falar em *bis in idem*. No caso da insalubridade, o bem tutelado é a saúde do obreiro, haja vista as condições nocivas presentes no meio ambiente de trabalho; no entanto a periculosidade traduz situação de perigo iminente que, uma vez ocorrida, pode ceifar a vida do trabalhador, sendo este o bem a que se visa proteger"(321).

Desde o primeiro estudo que fizemos, acreditávamos que, sendo permitida a cumulatividade dos adicionais, conduziria os empregadores a se preocuparem mais

---

(319) OLIVEIRA, Sebastião Geraldo de. *Proteção jurídica à saúde do trabalhador*. 2. ed. São Paulo: LTr, 1998. p. 284-287.

(320) MAIOR, Jorge Luiz Souto. Em Defesa da Ampliação da Competência da Justiça do Trabalho. *Revista LTr*, São Paulo, ano 70, p. 14-15, jan. 2006.

(321) PROCESSO N. TST-RR-1072-72.2011.5.02.0384, acórdão da 7ª Turma, Ministro relator Cláudio Brandão, Brasília, 24 de setembro de 2014, publicado em 25.9.2014.

em encontrar meios para a eliminação ou neutralização dos agentes agressivos à saúde, à vida e à integridade física dos trabalhadores, proporcionando-lhes melhores condições de trabalho e um ambiente mais saudável, restabelecendo, assim, a dignidade humana do trabalhador. Atualmente com a evolução do reconhecimento da cumulatividade pelo TST, ainda que não unânime, mantemos esse posicionamento.

O não reconhecimento da cumulação de adicionais é uma medida que acaba por desestimular a busca dos empregadores por meios de redução dos riscos inerentes ao trabalho pois, como muito se observa no Brasil, alguns objetivos e melhoras significativas só são executados ou ocorrem, de forma eficaz e eficiente, a partir do momento em que há uma contraprestação pecuniária.(322)

Ressaltamos que o investimento empresarial para proporcionar um ambiente de trabalho saudável, prevenindo acidentes e danos à saúde do obreiro, se traduz "na continuidade da produção, na eliminação de desperdícios e na obtenção de melhor qualidade do produto, e, sobretudo, num benefício maior para a sociedade".(323)

O saudoso ministro Alexandre Marcondes Filho salientava o lado humano da Segurança e Medicina do Trabalho, ensinando que:

> A vida humana tem, certamente, um valor econômico. É um capital que produz e os atuários e matemáticos podem avaliá-lo. Mas a vida do homem possui, também, um imenso valor afetivo e um valor espiritual inestimável, que não se podem pagar com todo o dinheiro do mundo. Nisto consiste, sobretudo, o valor da prevenção em que se evita a perda irreparável de um pai, de um marido, de um filho, enfim, daquele que sustenta o lar proletário e preside os destinos de sua família. A prevenção é como a saúde. Um bem no qual só reparamos quando o acidente e a moléstia chegam".(324)

5.5.1. Dos outros adicionais

Antes de adentrarmos especificamente na cumulatividade dos adicionais de insalubridade e de periculosidade, importante mencionarmos os demais adicionais: adicional de horas extras; adicional noturno e adicional de transferência.

---

(322) FORMOLO, Fernando. A acumulação dos adicionais de insalubridade e periculosidade. Justiça do Trabalho, São Paulo, n. 269, p. 60, maio 2006.

(323) SÜSSEKIND, Arnaldo *et al. Instituições de direito do trabalho*. 19. ed., atual. São Paulo: LTr, 2000. 2 v. p. 912-913.

(324) *Ibidem*, p. 911.

Se o trabalhador também é remunerado por outros tipos de adicionais: a) adicional de horas extras[(325)]; b) adicional noturno[(326)]; c) adicional de transferência[(327)].

O adicional de horas extras está previsto na Carta Magna, no art. 7º, inciso XVI, e na CLT, no art. 59 e parágrafos. Refere-se a um acréscimo de, no mínimo, 50% sobre o salário-hora do trabalhador.

Haverá trabalho extraordinário toda vez que o trabalhador prestar serviços ou permanecer à disposição do empregador após sua jornada normal de trabalho.[(328)]

O adicional noturno está previsto atualmente no art. 7º, inciso IX da Constituição Federal, e no art. 73 da Consolidação das Leis do Trabalho (CLT), e se refere a um acréscimo de, no mínimo, 20% sobre a hora diurna daquele trabalhador e integra-se no cálculo para todos os fins (férias, 1/3 férias, 13º salário, aviso-prévio, FGTS etc.).

Vale esclarecer que o trabalho executado à noite, além de privar o trabalhador de horas normalmente destinadas à recreação e ao sono, é antifisiológico, exaustivo e perigoso para a saúde, se praticado habitualmente, requer um esforço maior do que o realizado durante o dia, sendo que o emprego da luz artificial torna o trabalho mais penoso e prejudica a vista.[(329)]

O adicional de transferência está previsto no art. 469 e seguintes da CLT, e se refere a um acréscimo de 25% sobre o salário do trabalhador, enquanto durar a transferência.

O que se verifica para justificar o pagamento de outros adicionais, e mais, cumulativamente, é o trabalho do obreiro em cada condição.

Cada adicional atende a uma situação específica, o de horas extras visa compensar o trabalho extraordinário; o adicional noturno, compensar o trabalho em horário noturno; o de transferência, compensar o trabalhador pela mudança de domicílio; o de insalubridade compensar os riscos que o agente insalubre pode ocasionar na saúde e, finalmente, o de periculosidade, os riscos à integridade física.

Ademais, o adicional de horas extras, o adicional noturno e o de transferência são pacificamente aplicáveis cumulativamente na prática. Entretanto, aos adicionais de insalubridade e periculosidade não lhes é permitida a cumulação entre si.

---

(325) Consideram-se horas extras as horas trabalhadas além da jornada normal daquele trabalhador.

(326) O adicional noturno é o trabalho executado entre as 22 horas de um dia e às 5 horas do dia seguinte. (§ 2º, do art. 73, da Consolidação das Leis do trabalho — CLT).

(327) Considera-se transferência quando o trabalhador é transferido para localidade diversa da que resultou o contrato de trabalho.

(328) SÜSSEKIND, Arnaldo *et al. Instituições de direito do trabalho.* 19. ed., atual. São Paulo: LTr, 2000. 2 v. p. 821.

(329) PATON, Roberto. *Derecho social y legislación del trabajo.* Madrid: Civitas, 1946. p. 372.

5.5.2. Cumulatividade do adicional de insalubridade por vários agentes insalubres

O Desembargador do Trabalho do TRT-3, Sebastião Geraldo de Oliveira, em sua obra "Proteção jurídica à saúde do trabalhador", também sustenta a tese de que é cabível a cumulação de dois ou mais agentes insalubres, asseverando que "o trabalhador terá direito a receber tantos adicionais de insalubridade quantos forem os agentes a que estiver exposto, tomando-se por base cada anexo da NR-15, da Portaria n. 3214/78, do Ministério do Trabalho"[(330)] e completa mencionando que este posicionamento é adotado pelo mesmo em suas sentenças, quando o laudo pericial indica mais de um agente agressivo.

Esse posicionamento foi, inclusive, mantido pelo Tribunal Regional do Trabalho da 3ª Região, no sentido de que, quando apurado por laudo pericial e encontrados dois agentes insalubres, logicamente, os obreiros deverão receber os dois adicionais, para se proteger a saúde e evitar o locupletamento ilícito do empregador. Ora, se os trabalhadores estão expostos a mais agentes insalubres do que um só, motivo relevante há para auferir um maior adicional, por motivos biológicos, jurídicos e lógicos. Afinal, a saúde estará em maior exposição ao risco.[(331)]

Salientamos que o adicional de insalubridade é devido para compensar os danos causados à saúde do obreiro.

Cada agente insalubre causa um dano diferente à saúde do trabalhador. Como exemplo: a exposição a ruídos excessivos que ocasiona a perda auditiva (NR-15, Anexo n. 1, grau médio); a extração e manipulação de arsênico e seus compostos. (NR-15, Anexo n. 13 — grau máximo).

O trabalho insalubre gera direito a adicional de percentuais diferentes, dependendo de sua gravidade (mínimo, médio ou máximo), pois a exposição aos agentes insalubres pode acarretar a perda paulatina da saúde .

A causa da insalubridade é a ação nociva do agente físico, químico ou biológico no trabalhador, o que ocorre quando os meios coletivos ou individuais de proteção não puderem prevenir ou reduzir a nocividade aos limites compatíveis com a capacidade biológica do obreiro.[(332)]

Cada tipo de agente insalubre afeta ou causa um dano diferente na saúde do trabalhador, provocando-lhe moléstias; é um trabalho não saudável, por isso,

---

(330) OLIVEIRA, Sebastião Geraldo de. *Proteção jurídica à saúde do trabalhador*. 2. ed. São Paulo: LTr, 1998. p. 286.

(331) TRT DA 3ª REGIÃO. Recurso ordinário n. 2128/91, Relator Juiz Dárcio Guimarães de Andrade, Julgado em 28.9.91, Publicado no DJMG em 18.10.1991, in OLIVEIRA, Sebastião Geraldo de. *Op. cit.*, 284/287.

(332) SÜSSEKIND, Arnaldo *et al*. *Instituições de direito do trabalho*. 19. ed., atual. São Paulo: LTr, 2000. 2 v. p. 943.

ao mesmo tempo, ou seja, havendo o concurso de agentes lesivos que, além de colocarem em risco a integridade física do trabalhador, afetam sua saúde, deve ser concedida a cumulatividade dos adicionais.

O entendimento de que não é possível a cumulatividade de adicionais é inadmissível e injusto, pois um não exclui o outro.

Verifica-se que, em muitos casos, o obreiro trabalha exposto simultaneamente a dois agentes (insalubres e perigosos) e, assim, deveria ser-lhe garantida a cumulatividade dos adicionais, tendo em vista o aumento dos riscos ocupacionais a que está exposto e que podem acarretar-lhe maiores prejuízos, quer com relação à sua saúde, quer com relação à sua integridade física.

Defendemos e esperamos que a questão da cumulatividade dos adicionais de insalubridade e de periculosidade seja cuidadosamente analisada, tanto pelos nossos doutrinadores, como pelos aplicadores do direito, amadurecendo e evoluindo o pensamento no intuito de mudarem seus posicionamentos e levarem, em consideração, na aplicação da norma, a regra do *in dubio, pro operario* e a regra da *norma mais favorável ao trabalhador*, alcançando, assim, o objetivo do legislador que é o de garantir e proporcionar um ambiente de trabalho saudável ou, no caso de não ser possível a eliminação ou neutralização de agentes, que lhe seja garantido o direito ao recebimento dos respectivos adicionais, cumulativamente.

Assim, concluímos que é possível a cumulatividade dos adicionais de insalubridade e periculosidade, bem como o de vários adicionais de insalubridade, quando, no mesmo ambiente, for encontrado mais de um fator insalubre.

Entretanto, ressalvamos que não somos favoráveis à cumulatividade do adicional de periculosidade entre si, mesmo que o trabalhador esteja exposto a mais de um agente perigoso (Ex: periculosidade por inflamáveis e periculosidade elétrica), pois a periculosidade caracteriza-se pelo dano à vida e integridade física do trabalhador, ou seja, o dano é o mesmo, diferente dos agentes insalubres que ocasionam diversos danos à saúde do trabalhador.

Enquanto, na insalubridade, o agente agressor mina incessantemente a saúde do trabalhador, na periculosidade há exposição a um risco que, eventualmente, pode ocasionar um grave sinistro.[339]

O que se visa, no adicional de periculosidade, é fornecer uma compensação remuneratória para o trabalhador em razão da situação de risco — que é, por sua natureza, imponderável e imprevisível — a que está submetido por força do cumprimento de suas obrigações ocupacionais.

Nesse contexto, um obreiro exposto diariamente ao risco (quer por inflamáveis, quer por periculosidade elétrica), por um período de vinte ou trinta anos,

---

(339) SÜSSEKIND, Arnaldo *et al. Instituições de direito do trabalho*. 19. ed., atual. São Paulo: LTr, 2000. 2 v. p. 925.

pode permanecer incólume; outro obreiro pode ser vitimado nos poucos segundos em que, pela primeira vez, defrontou o perigo no exercício de sua atividade profissional.

O que garante ao trabalhador a percepção do adicional de periculosidade é essa situação de vulnerabilidade física, que independe do tempo de exposição ao fator potencialmente desencadeador do infortúnio.

O risco de vida decorre do contato, ou da permanência, ainda que por alguns minutos, ou até por menor espaço de tempo, diferindo do adicional de insalubridade pois, neste último, a ação dos agentes insalubres atinge proporções imediatas mais elevadas, conforme o tempo de exposição aos mesmos, pois, ao contato com tais agentes, estes atuam de forma direta e nociva sobre a saúde do trabalhador, ocasionando-lhe danos irreparáveis e que se agravam a cada ano de trabalho, nessas condições.

Conforme mencionamos acima, o TST também recepcionou o entendimento de que "a possibilidade da cumulação dos adicionais se justifica em virtude da origem dos direitos serem diversos. Não se há de falar em *bis in idem*. No caso da insalubridade, **o bem tutelado é a saúde do obreiro**, haja vista as condições nocivas presentes no meio ambiente de trabalho; já a periculosidade, traduz situação de perigo iminente que, uma vez ocorrida, pode ceifar a **vida do trabalhador**, sendo este o bem a que se visa proteger. São bens jurídicos diversos e com tratamento normativo distinto, seja quanto às hipóteses de cabimento, seja quanto aos percentuais, seja quanto à base de cálculo."(340) (grifos nossos)

Todavia, esse entendimento infelizmente ainda é minoritário no TST.

Esperamos que o recente entendimento da 7ª Turma do TST, modifique e amadureça o entendimento dos demais aplicadores do Direito caminhando para a unanimidade da decisão reconhecendo a cumulatividade dos adicionais de insalubridade e periculosidade

(340) PROCESSO N. TST-RR-1072-72.2011.5.02.0384, acórdão da 7ª Turma, Ministro relator Cláudio Brandão, Brasília, 24 de setembro de 2014, publicado em 25.9.2014.

Assim, pela ordem cronológica dos julgados, o deferimento da cumulação dos adicionais de insalubridade e periculosidade teve sua origem em sentença de primeiro grau, confirmada pelo Tribunal Regional do Trabalho da 2ª Região e recepcionada pelo Tribunal Superior do Trabalho (TST) ao proferir o acórdão no processo n. TST-RR-1072-72.2011.5.02.0384, cuja ementa transcrevemos:

> EMENTA: RECURSO DE REVISTA. CUMULAÇÃO DOS ADICIONAIS DE INSALUBRIDADE E PERICULOSIDADE. POSSIBILIDADE. PREVALÊNCIA DAS NORMAS CONSTITUCIONAIS E SUPRALEGAIS SOBRE A CLT. JURISPRUDÊNCIA CONSOLIDADA DO STF QUANTO AO EFEITO PARALISANTE DAS NORMAS INTERNAS EM DESCOMPASSO COM OS TRATADOS INTERNACIONAIS DE DIREITOS HUMANOS. INCOMPATIBILIDADE MATERIAL. CONVENÇÕES NS. 148 E 155 DA OIT. NORMAS DE DIREITO SOCIAL. CONTROLE DE CONVENCIONALIDADE. NOVA FORMA DE VERIFICAÇÃO DE COMPATIBILIDADE DAS NORMAS INTEGRANTES DO ORDENAMENTO JURÍDICO. A previsão contida no art. 193, § 2º, da CLT não foi recepcionada pela Constituição Federal de 1988, que, em seu art. 7º, XXIII, garantiu de forma plena o direito ao recebimento dos adicionais de penosidade, insalubridade e periculosidade, sem qualquer ressalva no que tange à cumulação, ainda que tenha remetido sua regulação à lei ordinária. A possibilidade da aludida cumulação se justifica em virtude de os fatos geradores dos direitos serem diversos. Não se há de falar em *bis in idem*. No caso da insalubridade, o bem tutelado é a saúde do obreiro, haja vista as condições nocivas presentes no meio ambiente de trabalho; já a periculosidade traduz situação de perigo iminente que, uma vez ocorrida, pode ceifar a vida do trabalhador, sendo este o bem a que se visa proteger. A regulamentação complementar prevista no citado preceito da Lei Maior deve se pautar pelos princípios e valores insculpidos no texto constitucional, como forma de alcançar, efetivamente, a finalidade da norma. Outro fator que sustenta a inaplicabilidade do preceito celetista é a introdução no sistema jurídico interno das Convenções Internacionais ns. 148 e 155, com *status* de norma materialmente constitucional ou, pelo menos, supralegal, como decidido pelo STF. A primeira consagra a necessidade de atualização constante da legislação sobre as condições nocivas de trabalho e a segunda determina que sejam levados em conta os "riscos para a saúde decorrentes da exposição simultânea a diversas substâncias ou agentes". Nesse contexto, não há mais espaço para a aplicação do art. 193, § 2º, da CLT. Recurso de revista de que se conhece e a que se nega provimento.[(344)]

Infelizmente, como ressaltado acima, o entendimento da cumulatividade dos adicionais de insalubridade e periculosidade ainda não é unânime pelos julgadores e aplicadores do Direito.

6.2. *Acórdãos do TST favoráveis à cumulatividade dos adicionais*

Trazemos à baila alguns acórdãos que reconhecem a cumulação dos adicionais de insalubridade e periculosidade.

Destacamos que a tese que defendemos vem ganhando força, e o Ministro Mauricio Godinho Delgado, do TST, já manifestou seu entendimento favorável à

---

(344) TST. Processo RR n. 1072-72.2011.5.02.0384, Relator Ministro: Cláudio Mascarenhas Brandão, 7ª Turma, Data de Julgamento: 24.9.2014, Data de Publicação: DEJT 3.10.2014. Disponível em: <http://www.tst.jus.br/consulta-unificada>. Acesso em: 24 fev. 2015.

mesma, conforme se vê no julgado abaixo, no qual o mesmo foi relator, ressaltando que seu voto foi vencido no caso concreto, mas sem dúvida evidencia a robustez da tese:

> EMENTA: "RECURSO DE REVISTA. ADICIONAIS DE INSALUBRIDADE E PERICULOSIDADE. PAGAMENTO NÃO CUMULATÓRIO. OPÇÃO POR UM DOS ADICIONAIS. Ressalvado o entendimento deste Relator, o fato é que, segundo a jurisprudência dominante nesta Corte, é válida a regra do art. 193, § 2º, da CLT, que dispõe sobre a não cumulação entre os adicionais de periculosidade e de insalubridade, cabendo a opção pelo empregado entre os dois adicionais. Assim, se o obreiro já percebia o adicional de insalubridade, porém entende que a percepção do adicional de periculosidade lhe será mais vantajosa, pode requerê-lo, ou o contrário. O recebimento daquele adicional não é óbice para o acolhimento do pedido de pagamento deste, na medida em que a lei veda apenas a percepção cumulativa de ambos os adicionais. Todavia, nessa situação, a condenação deve estar limitada ao pagamento de diferenças entre um e outro adicional. *Para a ressalva do Relator, caberia o pagamento das duas verbas efetivamente diferenciadas (adicional de periculosidade e o de insalubridade), à luz do art. 7º, XXIII, da CF, e do art. 11-b da Convenção 155 da OIT, por se tratar de fatores e, de principalmente, verbas/parcelas manifestamente diferentes, não havendo* bis in idem. Recurso de revista conhecido e provido. (grifos nossos)[345]

Importante destacar que encontramos julgados deferindo a cumulatividade dos adicionais de insalubridade, periculosidade com o adicional de penosidade[346].

> EMENTA: "AGRAVO DE INSTRUMENTO. RECURSO DE REVISTA. ADICIONAL DE PERICULOSIDADE. INGRESSO EM ÁREA DE RISCO. A conclusão de que o Reclamante tem direito à percepção do adicional de periculosidade, porque, mesmo a exposição intermitente às condições de risco autoriza a parcela está em consonância com a Súmula n. 364 desta Corte (ex-OJ n. 05 — Inserida em 14.3.1994); incidência do art. 896, § 4º da CLT. ADICIONAIS DE PERICULOSIDADE E PENOSIDADE. LABILIDADE. O art. 193 da CLT dispõe especificamente sobre o adicional de periculosidade, facultando ao empregado escolher entre a respectiva remuneração e aquela relativa ao adicional de insalubridade, nos termos do § 2º; todavia a previsão, no art. 7º, XXIII, da Constituição Federal quanto ao direito a adicionais de periculosidade, de insalubridade e de penosidade, se refere apenas ao direito dos trabalhadores urbanos e rurais a esses adicionais na forma da lei, sem cuidar de acumulação ou opção entre eles. Agravo de instrumento a que se nega provimento."[347]

> EMENTA: "AGRAVO DE INSTRUMENTO. RECURSO DE REVISTA. ADICIONAL DE PENOSIDADE. CUMULAÇÃO COM ADICIONAL DE INSALUBRIDADE. POSSIBILIDADE. Demonstrado no agravo de instrumento que o recurso de revista preenchia os requisitos do art. 896 da CLT, quanto ao tema em epígrafe, ante a constatação de violação, em tese, do art. 7º, XXIII, CF, pela sua má aplicação. Agravo de instrumento provido. RECURSO DE REVISTA. 1. ADICIONAL DE PENOSIDADE. CUMULAÇÃO COM ADICIONAL DE INSALUBRIDADE. Infere-se dos autos que a norma interna da Reclamada, que instituiu o adicional de penosidade, não conceituou ou enumerou quais atividades ensejariam o pagamento da parcela, designação necessária, à míngua de tipificação legal no campo trabalhista. Na realidade, o que a norma interna, descrita

---

(345) TST. Processo RR n. 611700-64.2009.5.12.0028. Relator Ministro Mauricio Godinho Delgado, Data de Julgamento: 26.6.2013, 3ª Turma.

(346) "O adicional de penosidade ainda não foi regulamentado, não possuindo tipificação legal". DELGADO, Mauricio Godinho. *Curso de direito do trabalho*. 10. ed. São Paulo: LTr, 2011. p. 712.

(347) TST, ACÓRDÃO 1ª Turma, Juíza Convocada Maria Do Perpetuo Socorro Wanderley de Castro — Relatora, PROC. N. TST-RR-677989/2000.9 julgado em 25 de outubro de 2006.

EMENTA: "ADICIONAL DE INSALUBRIDADE E PERICULOSIDADE, POSSIBILIDADE DE COEXISTÊNCIA. DERROGAÇÃO DO ART. 193, § 2º PELA CONSTITUIÇÃO FEDERAL DE 1988. O adicional de insalubridade tem a finalidade de indenizar os danos causados ao empregado que trabalha exposto a agentes nocivos à sua saúde. Em contrapartida, o adicional de periculosidade é devido em razão do perigo a que está exposto o empregado, pelo risco de sofrer acidente. Ambos adicionais são garantidos na Constituição Federal de 1988, sem qualquer restrição quanto a acumulação, não sendo recepcionado o § 2º do art. 193 da CLT. Trabalhando o empregado exposto a agentes nocivos à saúde e periculosos na forma da lei, tem direito a receber os dois adicionais. Entendimento em conformidade com a tese n. 3.2, aprovada no XIV CONAMAT."(355)

EMENTA: "ADICIONAL DE INSALUBRIDADE. ADICIONAL DE PERICULOSIDADE. CUMULAÇÃO. POSSIBILIDADE. O adicional de insalubridade visa a indenizar danos causados ao trabalhador pelo contato diuturno com agentes agressivos a sua saúde. O adicional de periculosidade tem por fim compensar o risco à vida a que o trabalhador está exposto em decorrência do contato com o agente perigoso. Dessa forma, infere-se que os dois adicionais possuem fatos geradores diversos, diante do que devem ser pagos cumulativamente, sempre que o trabalhador exercer atividade que, por sua natureza, condições ou método de trabalho, o exponha de forma concomitante a agentes insalubres e situações de perigo. O direito à cumulação dos adicionais está alicerçado no princípio da proteção da dignidade da pessoa humana (art. 1º, CRFB/88), no inciso XXII do art. 7º da CRFB/88, que impõe a adoção de medidas tendentes a propiciar a diminuição dos riscos inerentes ao trabalho, por meio de normas de saúde, higiene e segurança e também na Convenção n. 155 da OIT, que determina de que sejam considerados os riscos para a saúde decorrentes da exposição simultânea a diversas substâncias ou agentes (art. 11, b)".(356)

EMENTA: "1) CONSTITUIÇÃO FEDERAL, ART. 7º, XXII; ADICIONAIS DE INSALUBRIDADE E DE PERICULOSIDADE; CUMULATIVIDADE; POSSIBILIDADE.

De acordo com a melhor interpretação dada à regra contida no art. 7º, XXII, da CF/1988, é possível afirmar que o Legislador Constituinte não quis impor qualquer tipo de limitação às garantias que buscam a redução dos riscos inerentes ao trabalho, fosse por meio de normas de saúde, higiene e segurança.

Logo, ressalvadas determinadas exceções e considerado ainda o pensamento de que a lei ordinária não pode prever condições menores do que aquelas fixadas pela Constituição, é igualmente possível e plenamente viável conceder ao trabalhador, de forma cumulada e simultânea até, o direito ao recebimento dos adicionais de insalubridade e de periculosidade. Afinal de contas, cada um deles busca compensar condições totalmente diferentes.

Enquanto o adicional de insalubridade visa ressarcir o trabalhador contra a ação de agentes encontrados em seu ambiente de trabalho e que comprometem sua saúde, o de periculosidade busca compensar eventuais fatores (de explosões e choques elétricos) que põem em risco sua própria vida.

Cumulatividade de adicionais que deve ser aqui reconhecida e deferida."(357)

---

de Porto Alegre. No mesmo sentido TRT da 4ª Região. Processo RO n. 0000083-14.2013.5.04.0005, Relator Desembargador do Trabalho Marcos Fagundes Salomão, Data de publicação: 3.6.2014.

(355) TRT da 12ª Região. Processo RO n. 1686-2006-019-12-00-9. Relatora Desembargadora do Trabalho Maria de Lourdes Leiria. Jaraguá do Sul, SC, 11 de novembro de 2008.

(356) TRT da 17ª Região. Processo RO n. 02815-2009-028-12-00-0. TRT-SC. Relatora Desembargadora do Trabalho Viviane Colucci, Publicação: 16.9.2011.

(357) TRT/15 RO n. 0000281-86.2012.5.15.0132. Data de julgamento: 25.02.2014. Relator: Dr. Gerson Lacerda Pistori. 9ª Câmara, 5ª Turma, Data de publicação: 21.03.2014.

EMENTA: "ACUMULAÇÃO DE ADICIONAIS. PERICULOSIDADE E INSALUBRIDADE. POSSIBILIDADE. Os adicionais de insalubridade, periculosidade ou penosidade foram alçados ao nível de direitos fundamentais. 2. A acumulação desses adicionais está amparada pelo princípio da dignidade da pessoa humana, insculpido no art. 1º, CRFB/88, no inciso XXII do art. 7º da CRFB/88, que preconiza a obrigatoriedade da empregadora em adotar medidas que garantam a diminuição dos riscos inerentes ao trabalho, por meio de normas de saúde, higiene e segurança, bem como na Convenção n. 155 da OIT, que dispõe sobre a segurança e saúde dos trabalhadores e o meio ambiente de trabalho. 3. A possibilidade de acumular os adicionais de insalubridade e periculosidade deve ser interpretada à luz da nova ordem Constitucional, pois se trata de direito fundamental. 4. O ideal a ser buscado pela humanidade é que ninguém trabalhe em ambiente insalubre ou perigoso, porém, trata-se de cenário bastante longínquo. Assim, por ora, a legislação trabalhista monetiza a saúde e a segurança do trabalhador. Todavia, essa monetização deve ser completa, integral, aí incluída a possibilidade de acumular os adicionais de insalubridade e periculosidade. 5. Saliente-se que essa interpretação está em consonância com o princípio da vedação do retrocesso social e de acordo com o PIDESC (Pacto Internacional sobre Direitos Econômicos, Sociais e Culturais) — arts. 2º, 11, 16, 18, 21 e 22, com o Protocolo Adicional — Pacto de San Salvador — 17.11.1988 — arts. 1º, 17 e 19, e com a Convenção Americana sobre Direitos Humanos (Pacto de São José da Costa Rica), de 22.11.1969 (art. 26). RECURSO DO RECLAMANTE PROVIDO."[358]

6.4. *Acórdãos do TST contrários à cumulação dos adicionais*

A seguir apresentamos algumas ementas de acórdãos do TST que ainda entendem que é vedado a cumulatividade dos adicionais de insalubridade e periculosidade:

"(...) ADICIONAIS DE PERICULOSIDADE E INSALUBRIDADE. CUMULAÇÃO. IMPOSSIBILIDADE. Não há violação do art. 7º, XXIII, da Constituição Federal, pois o dispositivo constitucional prevê genericamente a concessão de um adicional para atividades penosas, insalubres ou perigosas, na forma da lei. A lei trabalhista que rege a matéria é o art. 193, § 2º, da CLT e esse dispositivo legal, dispõe expressamente sobre a não-cumulação entre os adicionais de periculosidade e de insalubridade prevendo, assim, a opção pelo empregado entre os dois adicionais, de modo que a reclamante deverá optar pela parcela que for mais favorável, opção a qual pode ser exercida na execução, assegurada a dedução do título até então recebido, a fim de evitar-se a hipótese de enriquecimento sem causa. Recurso de revista de que não se conhece. (...)"[359]

EMENTA: "(...) CUMULAÇÃO DOS ADICIONAIS DE INSALUBRIDADE E PERICULOSIDADE. Nos termos da jurisprudência pacífica do Eg. TST, não há falar em pagamento cumulativo dos adicionais de insalubridade e periculosidade. O art. 193, § 2º, da CLT deixa claro que o empregado pode optar pelo adicional que porventura lhe seja devido. Precedentes. Recurso de Revista não conhecido".[360]

---

(358) TRT15. Processo n. 0010371-07.2015.5.15.0082, julgamento 21.06.2016; Relator: Ministro João Batista Martins César, 11ª Câmara, 6ª Turma, Data publicação: 23.06.2016

(359) TST. Processo: AIRR e RR n.71800-20.2008.5.04.0019. Data de Julgamento: 5.11.2014, Relatora Ministra: Kátia Magalhães Arruda, 6ª Turma, Data de Publicação: DEJT 19.12.2014.

(360) TST. Processo n. RR — 374500-40.2008.5.09.0411, Relator Desembargador do Trabalho Convocado: João Pedro Silvestrin, 8ª Turma, Data de Julgamento: 3.12.2014, Data de Publicação: DEJT 5.12.2014.

> Contamos com o apoio de nossos Ilustres Colegas Congressistas para a aprovação do presente projeto de lei. Sala das Sessões, em dezembro de 2013. Deputado Carlos Bezerra".[365]

O Projeto n. 4.983/2013 foi apensado ao Projeto de Lei n. 2.549/1992[366], que conforme já tratamos anteriormente no item 3.7, dá nova redação ao art. 192 da CLT, e dispõe sobre o cálculo do adicional de insalubridade e o salário efetivamente pago ao trabalhador.

O projeto de lei encontra-se em trâmite, sendo que em seu último andamento datado de 8.7.2015 consta que a proposição está sujeita à apreciação do Plenário[367].

Entendemos que, em sendo aprovado o projeto de lei em trâmite na Câmara dos deputados, estaria encerrada a discussão e divergência sobre a possibilidade da cumulatividade dos adicionais de insalubridade e periculosidade.

---

(365) Disponível em: <http://www.camara.gov.br/proposicoesWeb/prop_mostrarintegra?codteor=1058886&filename=Tramitacao-PL+4983/2013>. Acesso em: 2 mar. 2015.

(366) BRASIL. Diário do Congresso Nacional, Seção 1, p. 76, de 21/03/1992. Disponível em: <http://imagem.camara.gov.br/Imagem/d/pdf/DCD21MAR1992.pdf#page=76>. Acesso em: 2 mar. 2015.

(367) Disponivel em: <http://www.camara.gov.br/proposicoesWeb/prop_mostrarintegra?codteor=1356723&filename=Tramitacao-PL+4983/2013> Acesso em: 10 jan. 2017.

CONCLUSÃO

A cumulatividade dos adicionais de insalubridade e de periculosidade tem grande relevância jurídica.

Trata-se dos danos causados ao trabalhador por exposição a agentes insalubres que afetam sua saúde e a agentes perigosos que afetam sua integridade física, mormente quando o trabalhador está exposto a estes agentes de forma simultânea.

Destacamos que não há qualquer semelhança entre os adicionais de insalubridade e periculosidade. Cada qual visa compensar um bem jurídico diferente, ou seja, o primeiro visa compensar os danos causados à saúde do trabalhador e o segundo, os eventuais danos ocasionados à vida e integridade física do mesmo.

A história demonstra a preocupação constante com a saúde e integridade física do trabalhador, mas não basta preocupar-se, deve-se agir e encontrar soluções práticas aos casos concretos.

Não basta instituir o pagamento do adicional de insalubridade e o adicional de periculosidade. Não estamos preocupados com a vantagem financeira, mas sim, com a saúde e integridade física do trabalhador.

Ressaltamos que o objetivo da lei, nem sempre observado, é a eliminação ou neutralização dos agentes insalubres e perigosos, seja pela adoção de medidas de engenharia que conservem o ambiente de trabalho dentro dos limites de tolerância, seja com a utilização de equipamentos de proteção individual, que reduzam a intensidade do agente agressivo aos limites permitidos pela legislação.

Desta forma, entendemos que, admitindo a cumulatividade do adicional de insalubridade com o adicional de periculosidade e do adicional de insalubridade por vários agentes, estariam os doutrinadores e os aplicadores do direito colaborando para que as empresas estudem e elaborem maneiras de se eliminar ou neutralizar os agentes agressivos (insalubres e perigosos) —, que é o objetivo primeiro da norma —, contribuindo desta forma para um ambiente de trabalho mais saudável, bem como para a saúde e integridade física do trabalhador e de toda a sociedade que, com isso, se beneficiaria.

O trabalho em local saudável é muito mais produtivo e lucrativo. Já o trabalho em condições precárias, além de não ser proveitoso, é prejudicial ao trabalhador e à própria empresa.

CONCLUSÃO

Acreditando que a exposição simultânea a vários agentes insalubres e perigosos acarreta prejuízos irreparáveis na saúde e integridade física do trabalhador e, para que estes prejuízos não se proliferem nos ambientes de trabalho, deveria ser garantido ao obreiro o direito a uma indenização econômica mais significativa, ou seja, a cumulatividade dos adicionais devidos para cada condição adversa.

Interpretando a norma desta forma, estaríamos aplicando a verdadeira Justiça, o bem-estar social, o bem comum, a recompensa por trabalhos danosos e prejudiciais e incentivando melhorias, até talvez, radicais, para que seja construído um ambiente de trabalho saudável, agradável, produtivo e lucrativo, lançando assim, privilégios a todas as pessoas envolvidas direta, ou indiretamente, em cada caso.

Desta forma, esperamos que a tese admitindo a cumulatividade dos adicionais de insalubridade e periculosidade se torne unânime em nossos Tribunais, bem como que sejam aprovados o Projeto de Lei n. 4.983/2013 apensado ao Projeto de Lei n. 2.549/1992 a fim de permitir o recebimento cumulativo dos adicionais de periculosidade e de insalubridade e a base de cálculo do adicional de insalubridade, sobre o salário do trabalhador.

REFERÊNCIAS BIBLIOGRÁFICAS

ALEXANDRY, Frederico Groenewold. *O problema do ruído industrial e seu controle*. São Paulo: FUNDACENTRO, 1985.

ALMEIDA, Jair José de. *Adicional de periculosidade. Empregados no setor de energia elétrica. Comentários à Lei n. 7.369/85*. São Paulo: LTr, 1993.

ALANIZ, Anna Gicelle Garcia. *Medicina e política no vertiginoso século XIX. Dr. Ricardo Gumbleton Daunt*: o homem, o médico e a cidade (Campinas, 1843-1893). Tese (Doutorado em História). Universidade de São Paulo (USP), 1999.

ALVES, José Augusto Lindgren. A declaração dos direitos humanos na pós-modernidade. In: BOUCAULT, Carlos Eduardo de Abreu; ARAÚJO, Nádia de. (Org.). *Os direitos humanos e o direito internacional*. Rio de Janeiro: Renovar, 1999. p. 139-165.

ANTUNES, Ricardo. *Adeus ao trabalho?* Ensaio sobre as metamorfoses e a centralidade do mundo do trabalho. 2. ed. São Paulo: Cortez/EDUNICAMP, 1995.

AQUINO. Santo Tomás de. *Escritos políticos de Santo Tomás de Aquino*. Tradução de Francisco Benjamim de Souza Neto, Petrópolis: Vozes, 1997.

ARGENTINA. Constitución de la Nación Argentina de 22 de agosto de 1994. Disponível em: <http://www.buscalegis.ccj.ufsc.br/arquivos/ normas/Constituicao_ Argentina.htm>. Acesso em: 13 jan. 2001.

ARISTÓTELES. *Ética a nicômacos*. Tradução de Mário de Gama Kury. 2. ed. Brasília: Edunb, 1993.

AZEVEDO, Israel Belo de. *O prazer da produção científica*. 6. ed. São Paulo: Unimep, 1992.

AZEVEDO, Plauto Faraco de. *Aplicação do direito e contexto social*. São Paulo: RT, 1996.

________. *Aplicação do direito e contexto social*. 2. ed. São Paulo: RT, 2000.

BARBALHO, João. *Constituição Federal brasileira comentada*. 4. ed. Rio de Janeiro: Francisco Alves, 1913.

BARROSO, Luiz Roberto. *Fundamentos de uma dogmática constitucional transformadora*. São Paulo: Saraiva, 1996.

________. *O Direito constitucional e a efetividade de suas normas;* limites e possibilidades da Constituição brasileira. 2. ed. Rio de Janeiro: Renovar, 1993.

BASTOS, Carolina Plácido Corrêa. *Da cumulação de adicionais de risco à saúde ocupacional*: uma análise feita à luz da Constituição Federal de 1988 e das normas internacionais. Monografia (Pós-graduação), Fundação Faculdade de Direito da Bahia, 2013.

BASTOS, Celso Ribeiro; MARTINS, Ives Gandra da Silva. *Comentários à Constituição do Brasil*. São Paulo: Saraiva, 1989. 2 v.

CHAVES, Pires. *Jurisprudência trabalhista*. Rio de Janeiro: Forense, 1960.

CHIARELLI, Carlos Alberto Gomes (Org.). *Temas de integração com enfoques no Mercosul.* São Paulo: LTr, 1997. v. I.

COSTA, José de Ribamar da. *Noções de direito do trabalho*. São Paulo: LTr, 1978.

COZER, Ricardo Araújo. *O Adicional de Periculosidade e a Nova Normatização estabelecida pela Lei n. 12.740/2012*, abril 2013. Disponível em: <http://www.prt7.mpt.gov.br/images/artigos/2013/Adicional_periculosidade_e_Normatizacao-Ricardo_Cozer-2013.pdf>. Acesso em: 15 fev. 2015.

CUNHA, Maria Inês Moura S.A. da. *Direito do trabalho*. 2. ed. São Paulo: Saraiva, 1997.

DE DECCA, Edgard Salvadori. *O nascimento das fábricas.* 5. ed. São Paulo: Brasiliense, 1982.

D´EUFEMIA, Giuseppe. *Diritto Del lavoro.* Napoli: Morano, 1969.

DELGADO, Gabriela Neves. Direitos humanos dos trabalhadores: perspectiva de análise a partir dos princípios internacionais do direito do trabalho e do direito previdenciário. *Revista do TST*, Brasília, v. 77, n. 33, jul./set. 2011.

DELGADO, Mauricio Godinho. *Curso de direito do trabalho.* 10. ed. São Paulo: LTr, 2011.

DIDIER JR., Fredie. *Curso de direito processual civil.* V. II. 6. ed. Salvador: JusPodivm, 2011.

DINIZ, Maria Helena. *Lei de introdução ao código civil brasileiro interpretada.* 2. ed. São Paulo: Saraiva, 1996.

________. *Lei de introdução ao código civil brasileiro.* 6. ed. São Paulo: Saraiva, 2000.

________. *Curso de direito civil brasileiro.* São Paulo: Saraiva, 1997.

EL DERECHO a la salud en las Americas. Washington: D. C. *Organización Panamericana de la salud, 1989.*

ENGELS, Friedrich. *A situação da classe trabalhadora na Inglaterra*. Tradução de Rosa Camargo Artigas, Reginaldo Forti. São Paulo: Global, 1985.

EUROPA. *Repertório da legislação comunitária em vigor.* Disponível em: <http://www.europa.eu.int>. Acesso em: 9 dez. 2000.

FARIA, José Eduardo. *Direito e globalização econômica*: implicações e perspectivas. São Paulo: Malheiros, 1996.

FERRAZ JUNIOR, Tércio Sampaio. *Introdução ao estudo do direito*. Técnica, decisão e dominação. 2. ed. São Paulo: Atlas, 1994.

FERREIRA, Aurélio B. de Holanda. *Dicionário Aurélio básico da língua portuguesa.* São Paulo: Nova Fronteira, 1988.

________. *Novo dicionário da língua portuguesa.* São Paulo: Nova Fronteira, 1986.

________; FERREIRA, Sueli Mara S. P. Ferreira; KROEFF, Márcia S. *Referências bibliográficas de documentos eletrônicos.* São Paulo, out. 1996. Disponível em: <http://www.eca.usp.br/prof/sueli/ pesquisa/refelet/index.htm>. Acesso em: 30 jan. 2001.

FIGUEIREDO, Guilherme José Purvin de. *Direito ambiental e a saúde dos trabalhadores.* São Paulo: LTr, 2000.

FORMOLO, Fernando. A acumulação dos adicionais de insalubridade e periculosidade. *Justiça do Trabalho*, São Paulo, n. 269, maio 2006.

FRAGA, Mirtô. *O conflito entre tratado internacional e norma de direito interno*. Rio de Janeiro: Forense, 2006.

GADAMER, Hans-Georg. *Verdade e método*: traços fundamentais de uma hermenêutica filosófica. Tradução de Flávio Paulo Meurer. Petrópolis: Vozes, 1997.

GIGLIO, Wagner D. *O.I.T. e Convenções Internacionais do Trabalho ratificadas pelo Brasil.* São Paulo: Sugestões Literárias, 1973.

________. *Direito processual do trabalho.* 8. ed. São Paulo: LTr, 1993.

GIL, Luis Enrique de la Villa; LÓPEZ, Manuel Carlos Palomeque. *Derecho del trabajo, democracia y crisis en Europa Occidental y en America.* Traduzido por Gregório Tudela Cambronero. España: Ministerio del Trabajo y Seguridad Social, 1989.

GOMES, Eduardo Biacchi; VAZ, Andréa Arruda. Direitos e garantias fundamentais do trabalhador e os Estados-Partes do Mercosul. *Revista de informação legislativa,* Brasília, ano 50, n. 197, jan./mar. Disponível em: <http://www2.senado.leg.br/ bdsf/bitstream/handle/id/496975/000991321.pdf?sequence=1>. Acesso em: 28 fev. 2015.

GOMES, Luiz Flávio; PIOVESAN, Flávia (Coord.). *O sistema interamericano de proteçao dos direitos humanos e o direito brasileiro*. São Paulo: Revista dos Tribunais, 2000.

GOMES, Orlando; GOTTSCHALK, Elson. *Curso de direito do trabalho*. 14. ed. Rio de Janeiro: Forense, 1995.

GOMES, Orlando. *Introdução ao direito civil.* 13. ed. Rio de Janeiro: Forense, 1998.

GONÇALVES, Edwar Abreu. *Segurança e medicina do trabalho em 1.200 perguntas e respostas.* 3. ed. São Paulo: LTr, 2000

________. *Manual de segurança e saúde no trabalho.* São Paulo: LTr, 2000.

GONÇALVES, Emílio. *O contrato de trabalho nas súmulas do TST*. São Paulo: Atlas, 1989.

GONÇALVES, Victor. *Advocacia trabalhista em primeiro grau.* 2. ed. São Paulo: Saraiva, 1998.

GOUVEIA, Abel Murta de. *Direito internacional do trabalho*: instituições e normas de direito internacional público vigente. Belo Horizonte: Del Rey, 1987.

GRANIZO Leon Martin; ROTHVOSS, Mariano González. *Derecho social*: doctrina y legislación comparada del trabajo. 3. ed. Madrid: Reus, 1935.

HUBERMAN, Leo. *História da riqueza do homem*. 17. ed. Rio de Janeiro: Zahar, 1983.

JOÃO PAULO II. *Encíclica dives in misericórdia do sumo Pontifício João Paulo II*. São Paulo: LTr, 1996.

________. *Carta Encíclica Laborem Exercens.* Disponível em: <http://www.sites.uol.com.br/gruponatal>. Acesso em: 16 jan. 2001.

NOGUEIRA, Diogo Pupo. Introdução à segurança, higiene e medicina do trabalho. Em: *Curso de medicina do trabalho*. São Paulo: FUNDACENTRO, 1979, v. 6.

________. A insalubridade na empresa e o médico do trabalho. *Revista Brasileira de Saúde Ocupacional,* São Paulo, v. 12, n. 45, p. 42-46, jan./mar. 1984.

OIT. *Inspeção do trabalho*: manual de educação do trabalhador. Tradução Edilson Alkmim Cunha I. São Paulo: LTr, 1994.

________. *Introducción a las condiciones y el medio ambiente de trabajo.* Ginebra: Oficina Internacional del Trabajo, 1987.

OLIVEIRA, Claudio Antônio Dias de. *Passo a passo da segurança do trabalho nos contratos de empresas prestadores de serviço.* São Paulo: LTr, 1999.

OLIVEIRA, Francisco Antonio. *Comentários aos precedentes normativos e individuais do TST.* São Paulo: RT, 1999.

OLIVEIRA, Sebastião Geraldo de. *Proteção jurídica à saúde do trabalhador.* 2. ed. São Paulo: LTr, 1998.

________. *Rev. Trib. Reg. Trab. 3ª Reg.*, Belo Horizonte, v. 45, n. 75, p. 107-130, jan./jun. 2007.

O.N.U. *Declaração Universal de Direitos Humanos*; 50 anos. Piracicaba: Unimep, 1998.

PATON, Roberto. *Derecho social y legislación del trabajo.* Madrid: Civitas, 1946.

PAULA, José Alves de. Dados básicos comparados nas relações de trabalho no Mercosul. *Revista LTr*, São Paulo, ano 59, n. 9, p. 1.172-1.178, set. 95.

________. Relações de trabalho no Mercosul. Em: CHIARELLI, Carlos Alberto Gomes. (Org.). *Temas de integração com enfoques no Mercosul.* São Paulo: LTr, 1997. p. 117-130.

PARAGUAY. *Código Del trabajo.* Lei n. 213, de 29 de outubro de 1993. Disponível em: <http://www2.paraguaygobierno.gov.py/indicecodigolaboral.html>. Acesso em: 10 jan. 2001.

PARAGUAY. *Constitución de la República del Paraguay, promulgada em 20 de junho de 1992.* Disponível em: <http://www2.paraguaygobierno.gov.py/>. Acesso em: 14 dez. 2000.

PARAGUAY. *Código Sanitário, Lei n. 836, de 15 de dezembro de 1980.* [*online*] Disponível em: <http://www2.paraguaygobierno.gov.py/gacetaoficial/ley836codigosanitario. html>. Acesso em: 10 jan. 2001.

PEIL, João Manoel de Sousa. A educação tecnológica nos países do Mercosul. Em: CHIARELLI, Carlos Alberto Gomes. (Org.). *Temas de Integração com enfoques no Mercosul.* São Paulo: LTr, 1997. p. 131-145.

PEREIRA, Caio Mário da Silva. *Instituições de direito civil.* 19. ed. Rio de Janeiro: Forense, 1998.

PINHEIRO, Paulo Sérgio *et al.* *O Brasil republicano*: história geral da civilização brasileira. Organização de Boris Fausto. São Paulo: Difel, 1977. v. III.

PIOVESAN, Flávia. *Direitos humanos e o direito constitucional internacional.* 10. ed. São Paulo: Saraiva, 2009.

PLÁ RODRIGUEZ, Américo. *Princípios de direito do trabalho*. Tradução de Wagner Drdla Giglio. São Paulo: LTr, 1978.

________. *Princípios de direito do trabalho*. Tradução de Wagner Drdla Giglio. São Paulo: LTr, 1993.

________. Las perspectivas de un derecho del trabajo comunitario. *Revista do Advogado,* São Paulo, n. 60, p. 7-22, set. 2000.

RAMAZZINI, Bernardino. *As doenças dos trabalhadores*. Tradução de Raimundo Estrela. São Paulo: FUNDACENTRO, 1992.

________. *As doenças dos trabalhadores*. 3. ed. Tradução de Raimundo Estrela. São Paulo: FUNDACENTRO, 2000.

RÁO, Vicente. *O direito e a vida dos direitos*. 3. ed. São Paulo: RT, 1991.

REALE, Miguel. *Filosofia do direito*. 12. ed. São Paulo: Saraiva, 1987.

________. *O direito como experiência*. 2. ed. São Paulo: Saraiva, 1992.

________. *Fundamentos do direito*. 3. ed. São Paulo: RT, 1998.

REBOUÇAS, Antônio José de Arruda *et al*. *Insalubridade*: morte lenta no trabalho. São Paulo: Oboré, 1989.

RIBEIRO, Gabriela Campos. A Constituição Uruguaiana. Em: SANTOS, Hermelino de Oliveira (Org.). *Constitucionalização do direito do trabalho no Mercosul*. São Paulo: LTr, 1998.

RIBEIRO, Maria Alice Rosa. *História sem fim... Inventário da saúde pública*. São Paulo — 1880/1930. São Paulo: UNESP, 1993.

RODRIGUES PINTO, José Augusto. *Tratado de direito material do trabalho*. São Paulo: LTr, 2007.

ROSA, Luis Fernando Franceschini da. *Mercosul e função judicial*: realidade e superação. São Paulo: LTr, 1997.

ROSEN, George. *Uma história da saúde pública*. São Paulo: UNESP; Rio de Janeiro: Associação Brasileira de Pós-graduação em Saúde Coletiva, 1994 (Coleção Saúde em Debate; 74).

RUDIGER, Dorothee Susanne. *Tendências do direito do trabalho para o século XXI*: globalização, descentralização produtiva e novo contratualismo. São Paulo: LTr, 1999.

RUSSOMANO, Mozart Victor. *Comentários à Consolidação das Leis do Trabalho*. 9. ed. Rio de Janeiro: Forense, 1982.

SAAD, Eduardo Gabriel. *Constituição e direito do trabalho*. 2. ed. São Paulo: LTr, 1989.

SALIBA, Tuffi Messias; CORRÊA, Márcia Angelim Chaves. *Insalubridade e periculosidade*. 4. ed. São Paulo: LTr, 1998.

SALIBA, Tuffi Messias. *Ruído — PPRA*. 4. ed. São Paulo: LTr, 2000.

SANCTIS, Frei Antonio de. (Org.). *Encíclicas e documentos sociais;* da *"Rerum Novarum" à "octogésima adveniens"*. De Leão XIII, Pio XI, Pio XII, João XXIII, Concílio Vaticano II e Paulo VI. São Paulo: LTr, 1971.

<http://www.mte.gov.br/trab_estrang/cartilha_trabalho_mercosul_port.pdf>

<http:www.mtss.gub.uy>

<http://www.prt7.mpt.gov.br/>

<http://www.oit.org.pe/>

<http://www.osha-slc.gov/>

<http://www.planalto.gov.br/ccivil_03/decreto-lei/del5452.htm>

<http://www.planalto.gov.br/ccivil_03/_ato2011-2014/2012/decreto/d7859.htm>

<http://www.senado.gov.br>

<http://www.senado.gov.br/atividade/materia/getPDF.asp?t=71180&tp=1>

<http://www2.senado.leg.br/bdsf/bitstream/handle/id/496975/000991321.pdf?sequence=1>

<http://www.senado.gov.br/atividade/materia /detalhes.asp?p_cod_mate=94496>

<http://www.social.gouv.fr/>

<http://www.softline.com.br/>

<http://www.spartacus.schoolnet.co.uk/>

<http://www.sph.uth.tmc.edu:8053/>

<http://www.trabajo.gov.ar/>

<http://www.trlex.com.br/>

<http://www.trt2.jus.br/>

<http://www.tst.jus.br/>

<http://www.tst.jus.br/jurisprudencia>

<http://www.tst.jus.br/sumulas>